Karl Schirdewan

Aufstand gegen Ulbricht

Im Kampf um politische Kurskorrektur,
gegen stalinistische, dogmatische Politik

Aufbau Taschenbuch Verlag

ISBN 3-7466-8008-5

2. Auflage 1994
© Aufbau Taschenbuch Verlag GmbH, Berlin
Umschlaggestaltung Torsten Lemme, Berlin
unter Verwendung zweier Fotos des Autors
Satz LVD GmbH, Berlin
Druck Elsnerdruck, Berlin
Printed in Germany

Inhalt

Ich widme dieses Buch meiner Frau Gisela. Sie hat mir seit 1945 nicht nur in den Jahren meiner aktiven politischen Arbeit zur Seite gestanden, sondern auch in der schweren Zeit meiner politischen Verdammung und selbst mit darunter gelitten. Ohne sie hätte ich diese Erinnerungen nie aufschreiben können.

Bei der Abfassung dieses Buches haben mir aber auch viele Freunde, Bekannte und Institutionen geholfen. Ihnen allen gilt mein herzlicher Dank.

Besonders danke ich für aktive Mitarbeit Karl-Heinz Lezim sowie Ursula Emmerich, Jens Kaiser, Alfred Schlegel und der Stiftung Archiv der Parteien und Massenorganisationen der DDR im Bundesarchiv.

Berlin, Mai 1994   Karl Schirdewan

Kurzbiographie

Ich wurde am 14. Mai 1907 in Stettin geboren und wuchs zunächst bei Pflegeeltern und in einem katholischen Waisenhaus auf. Im Sommer 1914 adoptierte mich das Ehepaar Schirdewan in Breslau. Ich erlangte den Abschluß einer katholischen Mittelschule. Nachdem ich meine Lehrstelle in einer Breslauer Getreidehandlung verloren hatte, verdiente ich mir meinen Lebensunterhalt als Laufbursche und später als Bürogehilfe.

Mit sechzehn Jahren wurde ich Mitglied des Kommunistischen Jugendverbandes und 1925 Mitglied der Kommunistischen Partei Deutschlands. Ich arbeitete zwischen 1927 und 1928 in verschiedenen Funktionen des KJVD, wurde 1928 Mitglied des ZK des Kommunistischen Jugendverbandes und Bezirksvorsitzender in Schlesien, leitete 1931/32 den Verlag »Junge Garde«, wurde 1932 Bezirksvorsitzender des KJVD in Ostpreußen. Ab 1933 arbeitete ich illegal in Sachsen und Norddeutschland und wurde am 19. Februar 1934 als Mitglied der Inlandsleitung des KJVD beim Aufbau der illegalen Inlandsleitung der KPD in Hamburg verhaftet.

Am 10. Mai 1934 verurteilte mich der Volksgerichtshof zu einer dreijährigen Zuchthausstrafe mit anschließender Schutzhaft.

Ich widerstand den Torturen der Haft im Zuchthaus Coswig sowie in den Konzentrationslagern Sachsenhausen und Flossenbürg (Oberpfalz). Am 23. April 1945 – auf dem Todesmarsch zur Evakuierung des Lagers – erlebte ich die Befreiung durch amerikanische Panzertruppen.

Bereits im Juni 1945 wirkte ich beim Wiederaufbau von KPD-Ortsgruppen in Nordbayern mit. Ab August 1945 begann meine Mitarbeit im Zentralkomitee der KPD in Berlin. Im Frühjahr 1946 infolge der langjährigen KZ-Haft schwer erkrankt, erfüllte ich ab 1947 wieder verschiedene Aufgaben im SED-Parteivorstand. Im März 1952 wurde ich 1. Sekretär der Landesleitung Sachsen, im Oktober 1. Sekretär der SED-Bezirksleitung Leipzig, und ab Januar 1953 war ich wieder in leitenden Funktionen im Apparat des ZK der SED tätig. Auf der 13. Tagung des ZK am 14. Mai 1953 wurde ich als Mitglied des ZK kooptiert und auf der 15. Tagung des ZK im Juli 1953 zum Mitglied des Politbüros und als Sekretär des ZK gewählt.

Besonders nach dem XX. Parteitag der KPdSU 1956 geriet ich in wachsende Widersprüche zum starren stalinistischen Kurs Ulbrichts. Ich gehörte zur Führung der inneren Parteiopposition und wurde auf dem 35. ZK-Plenum wegen »Fraktionstätigkeit« und Opposition gegen Ulbricht sämtlicher Parteifunktionen enthoben und mit einer »strengen Rüge« bestraft. Danach leitete ich bis 1965 die Staatliche Archivverwaltung der DDR. Heute lebe ich als Rentner in Potsdam.

Im Januar 1990 rehabilitierte mich die Schiedskommission der PDS.

Einführende Gedanken

Am 6. Februar 1958 wurde der Öffentlichkeit der »Beschluß des 35. Plenums des ZK der SED« bekanntgegeben, in dem es u. a. heißt:

»Das Plenum des Zentralkomitees beschloß einstimmig: ...Genosse Karl Schirdewan wird wegen Fraktionstätigkeit aus dem Zentralkomitee ausgeschlossen und erhält eine strenge Rüge; Genosse Ernst Wollweber wird im Zusammenhang mit seinen Verstößen gegen das Parteistatut aus dem Zentralkomitee ausgeschlossen und erhält eine strenge Rüge; Genosse Fred Oelßner wird seiner Funktion als Mitglied des Politbüros enthoben wegen wiederholter Verletzung der Disziplin des Politbüros und der Weigerung, sich in das Kollektiv des Politbüros einzufügen. Diesen Beschlüssen gaben auch einmütig alle Kandidaten des Zentralkomitees ihre Zustimmung.«

Diese Mitteilung erregte in der gesamten Parteimitgliedschaft Unruhe. Historisch gesehen war dieser Beschluß ein empörender und unglaublicher Eingriff in das von den Ideen und Idealen des Sozialismus geprägte Fühlen, Denken und Handeln vieler Menschen weit über die Partei hinaus. Er wurde als ein diktatorischer Schlag gegen notwendige reformatorische Bestrebungen innerhalb der SED, als deren Ende empfunden.

Seit dem Zusammenschluß von Kommunisten und Sozialdemokraten in der sowjetischen Besatzungszone Deutschlands zur Sozialistischen Einheitspartei Deutschlands wurden die Parteimitglieder mit nicht wenigen komplizierten internationalen und nationalen Ereignissen konfrontiert und mußten sehr widersprüchliche Erfahrungen in ihrem politischen Leben machen. So waren nach dem Vereinigungsparteitag im April 1946 zu den tausenden ehemaligen Mitgliedern der SPD und der KPD, die sich bereits im Widerstand gegen die Nazidiktatur zusammengefunden hatten, Hunderttausende neue Mitglieder in die Partei der nunmehr vereinigten Arbeiterbewegung eingetreten. Zum ersten Mal engagierten sich viele Werktätige für den Aufbau einer neuen, einer antifaschistisch-demokratischen Gesellschaft. Dieses Bestreben ging einher mit einem umfangreichen Lernprozeß. Die Entwicklung des einzelnen war verknüpft mit der verantwortlichen Tätigkeit, die ihm durch die Partei oder Organe des Staates, der Wirtschaft, der Kultur usw. übertragen wurde. Die unterschiedlichsten Charaktere traten in Erscheinung. Es gab Idealisten, und das war die Mehrheit, die sich in der Phase des antifaschistisch-demokratischen Aufbaus persönlich voll einsetzten, und andere, die versuchten, großen Nutzen oder Vorteile für sich in Anspruch zu nehmen. Manche glaubten, durch Kommandieren der Sache zum Erfolg zu verhelfen.

Es entwickelten sich unterschiedliche Auffassungen insbesondere zwischen ehemaligen Mitgliedern der SPD einerseits und der KPD andererseits über Wege und Ziele der unter den Bedingungen der sowjetischen Besatzungsmacht angestrebten antifaschistisch-demokratischen Gesellschaftsordnung. Die Widersprüche in der Partei spitzten sich 1948/1949 zu, als die Verformung der innerparteilichen Demokratie einsetzte, um die sogenannte Partei neuen Typus stalinscher Prägung zu schaffen.

11

Der undemokratische, ja diktatorische Übergang zur Politik des überstürzten Aufbaus des Sozialismus im Juni 1952, der verbunden war mit restriktiven Maßnahmen und daraus resultierendem Niedergang im politischen, wirtschaftlichen und sozialen Leben der Gesellschaft, weckte den Zorn und die Empörung breiter Kreise der Bevölkerung der DDR und führte zum Aufstand des 17. Juni 1953.

Zwar wurde auf ökonomischem Gebiet die Politik des Neuen Kurses propagiert, aber die damit notwendiger Weise verbundene Wende in der Politik wurde von Walter Ulbricht nie ernst genommen, geschweige denn durchgesetzt. Er beachtete auch nicht die sich nach dem Tode Stalins in der KPdSU und in der Sowjetunion entwickelnde Politik des politischen »Tauwetters«. Seine strikte Ablehnung notwendiger Schlußfolgerungen aus der 1956 vom XX. Parteitag der KPdSU offengelegten und verurteilten verbrecherischen Politik J. W. Stalins ließ verständlicherweise ebenfalls Reformgedanken entstehen. Bei politisch realistisch und ehrlich denkenden Persönlichkeiten in der Partei und anderen politischen Kreisen der DDR rief diese Situation sogar Widerstand hervor.

In dieser Zeit der aufeinanderprallenden Widersprüche in der DDR von 1945/1946 bis 1956/1958 gab es Reformversuche und kritische Auseinandersetzungen auf verschiedensten Gebieten. Dafür standen Persönlichkeiten wie: Anton Ackermann, Friedrich Schlotterbeck, Helmut Holtzhauer, Herrnstadt, Zaisser, Janka, Harich und andere.

Mein Anliegen ist es, als Zeitzeuge vor allem von diesen Auseinandersetzungen in den Jahren von 1953 bis 1958 zu berichten. Das war der Zeitraum, in dem ich zunächst als Abteilungsleiter im Apparat des ZK der SED für die Organisationsarbeit der leitenden Organe der Partei und deren Kader zuständig war. Auf dem IV. Parteitag der SED 1954 wurde ich zum Mitglied des Zentralkomitees und zum ordentlichen Mitglied des Politbüros sowie zu einem der Sekretäre des ZK der SED gewählt. Es waren entscheidende Jahre für die Weiterentwicklung der Partei und der DDR, Jahre, in denen wir politische, wirtschaftliche und kulturelle Erfolge hatten, aber auch grundlegende Fehler in der Frage der deutschen Einheit, im Demokratisierungsprozeß der sozialistischen Gesellschaft gemacht wurden. Besonders in diese Zeit fallen meine Bemühungen, Chancen zu nutzen, um doktrinärer Politik entgegenzuwirken, die Partei zu reformieren.

Der Neue Kurs, ausgelöst durch die scharfe Kritik seitens der KPdSU an den negativen Auswirkungen, die durch die fehlerhafte Politik des beschleunigten Aufbaus der Grundlagen des Sozialismus von 1952 bis Juli 1953 in der DDR entstanden waren, bot die Möglichkeit für eine grundsätzlich neue politische Linie. Es galt, maßvoll Schritte zur Demokratisierung des gesellschaftlichen Lebens in der DDR einzuleiten, unseren Staat als eine reale Alternative gegenüber der BRD unter Beweis zu stellen. Mit zunehmender innerer Unruhe mußte ich aber feststellen, daß Ulbricht und seine Anhänger gar nicht die Absicht hatten, eine neue Konzeption für die sozialistische Entwicklung auf deutschem Boden auszuarbeiten. Ihm genügte es, die innere Ruhe – wie auch immer – wiederhergestellt zu wissen. Für ihn war der Neue Kurs nur ein taktisches Manöver, um unter diesem Deckmantel seine konservative linksradikale Position durchzusetzen. Davon waren seine Haltung, seine Handlungen geprägt, die sich u. a. in Restriktionen gegenüber Andersdenkenden äußerten. Stets fand er dabei und dafür die notwendigen Helfershelfer und politischen Partner in der Parteiführung und im Staatsapparat. Nicht zuletzt in Erich Honecker.

Ich war nicht mehr bereit, diesen Führungsstil zu akzeptieren. Ich wollte Diskussionsfreiheit im Politbüro, sei es in theoretischer Hinsicht oder was politisch-praktische Erfahrungen betraf. Das konnte natürlich nur selten in konträrer offener Form vor sich gehen. Ich appellierte vielmehr an politische Vernunft, widersprach einer vom Wunschdenken geprägten unrealen, ja abenteuerlichen Politik und trat für eine freimütige Diskussion zur Beurteilung der Lage und durchdachte Entscheidungen ein.

Meiner Ansicht nach war ein vertrauensvolles Zusammengehen mit den Arbeitern, Bauern, der Intelligenz, mit allen Schichten der Bevölkerung die Basis, um die vorhandenen Widersprüche zu lösen. Es galt, andere Meinungen und Ansichten zu beachten, um neue Erkenntnisse zu finden und die Politik dementsprechend immer wieder neu zu überdenken. Mißachtung, öffentliche Diffamierung, Repressalien und vor allem die Kriminalisierung Andersdenkender lehnte ich ab. Selbstverständlich beinhaltete diese Auffassung die Ablehnung des Dogmatismus. Das bedeutete auch, mein eigenes Denken und Handeln zu überprüfen, mit jahrzehntelang geprägten linksradikalen festgefahrenen politischen Lehrsätzen zu brechen, von falsch verstandener Parteidisziplin im Namen der Einheit und Geschlossenheit der Partei freizukommen. Mit dieser Meinung und Forderung nach anderen politischen Lösungen stand ich nicht allein. Ich hatte Gesinnungsgenossen. Einige von ihnen sind im

Kommuniqué des 35. Plenums des ZK der SED namentlich genannt. Aber wir konnten unser Anliegen nicht umsetzen, es ließ sich nicht verwirklichen.

Nach der sogenannten Wende, das heißt nach dem Zusammenbruch des von Erich Honecker geführten politischen Regimes in der DDR, und vor allem nach meiner politischen Rehabilitierung durch die Schiedskommission der PDS im Januar 1990 haben mich zahlreiche Historiker aus dem In- und Ausland um Gespräche gebeten. (Siehe Dokument Nr. 1, Seite 171) Fernseh- und Rundfunkinterviewer sowie Zeitungsredakteure stellten mir viele Fragen. Schließlich folgte ich dem Vorschlag des Aufbau-Verlages, meine Erinnerungen aufzuschreiben. Den Titel dieses nunmehr entstandenen Taschenbuches hat der Verlag ausgewählt.

Den Leser meiner Erinnerungen an das politische Geschehen in den Jahren 1953 bis 1958 bitte ich um Verständnis, wenn er in meiner Darstellung dieses oder jenes vermißt. Mir konnte es nicht um eine in die Tiefe historischer Gesamtzusammenhänge eindringende Arbeit gehen. Ich habe vielmehr versucht, vielleicht noch nicht so bekannte Geschehnisse und Umstände aus meiner Sicht aufzuhellen, in Zusammenhänge zu stellen. Die zweifellos dringende Aufarbeitung der Geschichte – und dabei der Geschichte der SED insbesondere – ist in Gegenwart und Zukunft eine zwingende Aufgabe der Historiker.

In den Todesmühlen des Faschismus

Als nach dem 30. Januar 1933 die zur Macht gekommene SA und SS mit ihrer Treibjagd auf die »Roten« begannen, gelang es mir, in die Illegalität zu gehen. Als Mitglied des ZK des KJVD sollte ich im Untergrund Verbindungen knüpfen und festigen. So in Sachsen und ab August 1933 in Norddeutschland.

Vom November 1933 an gehörte ich zum Dreierkopf der illegalen Inlandsleitung des KJVD. Im Februar 1934 bekam ich den Auftrag, eine neue Leitung in Hamburg zu bilden, da die bisherige durch die Gestapo verhaftet worden war. Während ich meine Aufgabe erfüllte, war es der Gestapo gelungen, die Inlandsleitung in Berlin aufzuspüren. Leider wurde bei einem ihrer Mitglieder ein an mich über meine illegale Poststelle adressierter Brief gefunden, in dem ein Zusammentreffen mit mir in Hamburg, Hauptbahnhof, vereinbart wurde. Trotz aller Vorsicht lief ich in die Falle. Ich stand an einem der Bahnhofstore, um die Lage zu übersehen und wenn notwendig, flüchten zu können. Mein Partner kam auf mich zu. Wir begrüßten uns. Plötzlich rief er: »Es hat alles keinen Zweck, die Bullen sind hinter uns her.« – »Dann mach dich weg«, rief ich und rannte von ihm fort. Da war ich auch schon von Gestapoleuten mit gezogenen Pistolen umringt. Das war am 19. Februar 1934, abends 22.00 Uhr.

Nun begann die schwere Zeit der Verhöre und Folterungen in Hamburg und in Berlin in der Prinz-Albrecht-

Straße, dem Hauptquartier der Gestapo und ihrem Gefängnis, der berüchtigten »Columbia-Hölle«. Sie haben mir kein Geständnis herausgeprügelt, ich habe keinen meiner Kampfgefährten oder unsere Organisation verraten. In ihrem Untersuchungsbericht an den Untersuchungsrichter des Reichsgerichts stand: »... mußte hart angefaßt werden.« Das war meine Feuertaufe. Das Wissen, niemand verraten zu haben, stärkte meine innere Moral und meine Entschlossenheit, diesem barbarischen System, unter welchen Bedingungen auch immer, zu widerstehen.

Am 10. Mai 1935 wurde ich vom Volksgerichtshof in Berlin im Gebäude des Preußischen Landtags, dem provisorischen Sitz dieses Schandgerichts, wegen Vorbereitung zum Hochverrat zu drei Jahren Zuchthaus unter Anrechnung der Untersuchungshaft verurteilt.

Vierzehn Tage nach meiner Verhaftung war durch einen Erlaß Hitlers das Reichsgericht abgeschafft und statt dessen der faschistische Volksgerichtshof gebildet worden, der bei Vorbereitung zum Hochverrat die Todesstrafe verhängte. Da ich aber vor dem festgelegten Stichtag verhaftet worden war, konnte die neue Regelung auf unseren Prozeß nicht angewendet werden. Noch vor Ablauf der Strafe im Zuchthaus Coswig (Sachsen-Anhalt) erfolgte durch Schutzhaftbefehl der Gestapo – unterschrieben von Heydrich – die »Zuleitung« in das KZ Sachsenhausen bei Berlin.

Der Direktor des Zuchthauses Coswig gab folgende Beurteilungen über mich mit:

Voll geständig; aus voller Überzeugung habe er, auch auf die Gefahr hin, bestraft zu werden, für seine Ideale

gearbeitet. Glaubte nicht an die Stabilität der neuen Re-
gierung und wollte bewußt ihren Sturz. Macht einen weit
über den Durchschnitt intelligenten Eindruck. Hält sich
für eine Kämpfernatur. Wird stets gefährlicher Staats-
feind bleiben.   *W. 13/6*
Häft. hat Organisation d. kommun. Jugend 1933/34 be-
trieben. Noch heute fanatischer Kommunist; weltan-
schaulich unlösbar gebunden an seine staatsfeindlichen
Ideale.
Keine verwandtschaftlichen Beziehungen; Freundschaft
mit Jüdin. Eine Frau Frieda Zimmer – Leipzig – nennt er
»Muttchen«. Will sich weiterbilden in Französisch und
Volkswirtschaftslehre.   *17.6.35 R.*
Führung und Fleiß hausordnungsgemäß. Ein schlauer
Fuchs, der sich mit größter Vorsicht bewegte. Nach
meiner Überzeugung ist er unverändert geblieben und
wird sich auch kaum jemals in die Volksgemeinschaft
einordnen.   *W.*

Ich möchte hier nicht die Tyrannei des KZ-Systems der
Nazis beschreiben, aber es gibt Ereignisse, die einem
fest im Gedächtnis bleiben. Zum Beispiel die weit über
tausend Juden, die während der Kristallnacht ins Lager
kamen, die 18.000 sowjetischen Kriegsgefangenen, die
durch Genickschuß ermordet wurden. Ich denke an die
zu Beginn des Krieges eingelieferten vielen Kommunisten und Sozialdemokraten, unter ihnen der Chefredakteur der Zeitschrift des ADGB »Die Arbeit«, Lothar
Erdmann und auch der sozialdemokratische Reichs-
tagsabgeordnete Michael Schnabrich. Lothar Erdmann
wurde von der SS regelrecht zu Tode gejagt. Wir mußten
uns auf Befehl Himmlers im Lager immer im Laufschritt
bewegen. Erdmann lehnte an der Baracke der Schreib-

stube. Als ich an ihm vorbeilief, trafen sich unsere Blicke, völlig erschöpft, nach Atem ringend schaute er mich flehend an. Aber das Stehenbleiben hätte auch meinen Tod bedeutet. Wenige Minuten später starb er. Diese Ohnmacht, nichts für ihn tun zu können, ist ein furchtbares Gefühl, das ich nie vergessen werde. Michael Schnabrich kam ebenfalls auf viehische Weise ums Leben.

Am 1. Oktober 1942 wurden ich und weitere siebzehn Häftlinge in Sonderarrest gesperrt. Ich erinnere mich an Harry Naujoks aus Hamburg, Wilhelm Girnus aus Gumbinnen, Heinz Golessa aus Magdeburg, Werner Staake und Fritz Selbmann aus Leipzig, Hein Meyn aus Lübeck sowie Rudi Grosse aus Berlin. Wir waren alles Häftlinge, die in verschiedenen Arbeitskommandos, in der Schreibstube, in der Bücherei oder als Blockälteste tätig warden. Die SS hatte unseren politischen Einfluß im Lager und vor allen Dingen die durch uns organisierte Hilfe für gefährdete Häftlinge, genannt die »Rote Kuhle«, aufgedeckt. Auf Befehl Himmlers wurden wir einzeln in Dunkelzellen isoliert und sechsundfünfzig Tage dort festgehalten. Die Lagerführung wartete auf eine Entscheidung Himmlers, ob wir gleich erschossen oder auf andere Weise umgebracht werden sollten. Himmlers Befehl lautete, uns zu schwerster Arbeit im Steinbruch einzusetzen, dazu Schreibverbot an die Angehörigen und Entlassung erst am Ende des Krieges.

Am 27. November 1942 wurden wir in das KZ Flossenbürg in der Oberpfalz, dem berüchtigten und gefürchteten Lager mit lebensgefährlicher Arbeit im Steinbruch, verlegt. Mit blau angestrichenen Konservendeckeln an Jackenärmeln und an den Hosenbeinen, auf der Brust und dem Rücken als Zielpunkte wurden wir als Isolierungshäftlinge gekennzeichnet. Niemand von uns hatte die Hoffnung, diese schwere Situation zu überleben. Zwei unserer Kameraden verloren das Leben.

Als Stalingrad fiel, mußten wir den Koks für unsere eigene Verbrennung zum Krematorium tragen. Aber ein Befehl Himmlers, alle Häftlinge als Arbeitskräfte für die Rüstungsindustrie einzusetzen, »rettete« uns das Leben. Nun sollten alle bis zum Verrecken für die Flugzeugindustrie schuften. Messerschmidt ließ in den Steinbruchhallen Flugzeugteile nieten. Bisher wurden hier die Granitblöcke für eine gewaltige Siegeshalle bearbeitet. Diese sollte am Ende des Krieges im Berliner Tiergarten errichtet werden, um von der Macht und Herrlichkeit des »Tausendjährigen Reiches« zu künden. Der Traum der Nazigrößen ging in der Niederlage unter. Im sowjetischen Ehrenmal in Berlin-Treptow findet man einen Teil dieser Granitblöcke wieder.

Als sich Mitte April die amerikanischen Truppen dem Lager näherten, begann am 20. April 1945 der Todesmarsch zur Evakuierung des Lagers nach Dachau. Noch im Lager erzählte mir der Schweizer Häftling Carl Schrade, daß eine Gruppe von SS-Offizieren aus Berlin gekommen war und veranlaßt hatte, vier Gefangene zu liquidieren. Sie wären an einer Steinmauer nackt an Fleischerhaken erhängt worden, und die SS-Offiziere hätten sich über den qualvollen Tod ihrer Opfer amüsiert. Unter den vier Häftlingen waren Pfarrer Bonhoeffer und Admiral Canaris (10. April 1945).

Wir waren 16.000 Häftlinge, in 4 Marschblöcken geordnet, mit einem kleinen Becher voll Getreidekörnern als Marschverpflegung versehen, unter schrecklichen

Bedingungen auf diesem Marsch. Etwa 4.000 wurden ermordet. Wer aus Schwäche zusammenbrach, den zerrten SS-Begleitposten an den Straßengraben und erschossen ihn.

Rückkehr ins politische Leben

Am 23. April 1945 erlebte ich meine Befreiung nach mehr als elf Jahren Einkerkerung. Vorauseilende amerikanische Panzertruppen hatten unsere Marschkolonnen bei Stammsried eingeholt. Sie schossen auf die flüchtenden SS-Begleitmannschaften. Über die Situation, in der sie uns vorfanden, waren sie erschüttert und warfen uns ihre Verpflegung von den Fahrzeugen zu.

Jetzt war ich frei, brach aber körperlich zusammen. Kameraden besorgten aus dem nahen Ort Stammsried einen Leiterwagen und brachten mich ins Dorf. Eine Bauernfamilie nahm mich auf, pflegte mich, damit ich wieder zu Kräften kam. Nach etwa zwei Wochen kehrte ich in das Lager Flossenbürg zurück. Dort hatte die SS über 1.300 marschunfähige Häftlinge zurücklassen müssen und zum Glück keine Zeit mehr gehabt, sie zu liquidieren. Für die kranken Überlebenden hatte die US-Army nach der Befreiung des Lagers ein Lazarett eingerichtet. Hier wurde ich versorgt und erholte mich.

Wie viele meiner Kameraden habe auch ich nach wiedergewonnener Freiheit über mein Leben nachgedacht. In vielem fand ich mich, was meine politische Einstellung, meinen Kampf um eine sozialistische Gesellschaft betraf, bestätigt. Trotz allem Leid und aller Gefahren, die ich erlebt habe, hat sich meine Weltanschauung gefestigt. Niemals haben mich Zweifel geplagt, mein Leben falsch eingesetzt zu haben. Der schwere Kampf im Widerstand hat mich reicher an

Erfahrungen gemacht, meine Lebenswerte haben sich gefestigt. Im Lager von Tag zu Tag vor die Frage gestellt: wirst du morgen noch sein, entstanden solidarische und brüderliche Beziehungen zwischen Kommunisten und Sozialdemokraten und auch zu allen anderen Antifaschisten.

Probst Heinrich Grüber schrieb in seinen Erinnerungen: *»Auch zu einigen der führenden Kommunisten unterhielt ich gute kameradschaftliche Beziehungen … Mit vielen von ihnen habe ich nach 1945 die gute Kameradschaft, die wir im Lager begründet hatten, weiter gehalten. Dabei denke ich vor allem an Karl Schirdewan, der mir sehr nahestand.*

(Aus: Bevollmächtigt zum Brückenbau. Heinrich Grüber. Judenfreund und Trümmerprobst. Erinnerungen, Predigten, Berichte, Briefe. Leipzig 1991. Seite 88)

Oft begegnete ich Heinrich Grüber auf offiziellen Empfängen. Er war Bevollmächtigter des Rates der EkD bei der Regierung der DDR. Als wir uns einmal auf einem Empfang angeregt unterhielten, stellte sich Walter Ulbricht zu uns. Nur kurz, dann ging er weiter. Heinrich Grüber zwinkerte mir zu: »Ja, wir haben beide unseren Spitzbart, du den Ulbricht und ich den Dibelius.«

Der Terror der Faschisten, die faschistischen Siege in den ersten Jahren dieses wahnsinnigen zweiten Weltkrieges haben uns nicht irritiert. Ob wir es überleben würden, das wußten wir nicht, aber daß das Ende Hitlers kommt, dessen waren wir uns sicher.

Bald konnte ich umliegende Ortschaften aufsuchen und Verbindung zu ehemaligen Mitgliedern der KPD knüpfen. Dabei lernte ich auch Sozialdemokraten und viele Nazigegner kennen. Sie waren alle bereit, das Leben zu normalisieren. Trotz vieler Schwierigkeiten hatte ich bis Anfang Juli 1945 im nordbayerischen Unterbezirk Amberg-Schwandorf dreizehn Ortsgruppen der KPD aufgebaut. Allerdings geschah dies verdeckt, denn politische Parteien waren in der amerikanischen Besatzungszone noch nicht zugelassen.

Ich knüpfte außerdem Kontakte zur Leitung der KPD Bayern in München. Mitte Juli war meine Rekonvaleszenzzeit im Lager beendet. Mit Hilfe der KPD-Leitung gelangte ich aus der amerikanischen Besatzungszone bei Tettau in die sowjetisch besetzte Zone. Freunde in Leipzig nahmen mich bei sich auf und leiteten mich dann nach Berlin weiter. Ich meldete mich in der Zentrale der KPD in der Wallstraße. Franz Dahlem begrüßte mich und ließ sich ausführlich über mein Schicksal nach meiner Verhaftung im Jahre 1934 berichten. Im Verlaufe unseres sehr freundschaftlichen und offenen Gespräches fragte er mich nach meinen Vorstellungen über meine künftige Tätigkeit, welches Arbeitsgebiet mich interessiere und ob ich in bestimmten Funktionen arbeiten möchte. Ich äußerte den Wunsch, in der Partei arbeiten zu können, da ich meine hauptsächlichen Erfahrungen als Funktionär des Kommunistischen Jugendverbandes gesammelt und als Mitglied des Zentralkomitees des KJVD die Arbeit in der Zentrale einer politischen Führung kennengelernt hatte. Wir kamen überein, daß ich in der Westabteilung arbeite, für die Franz Dahlem verantwortlich war.

Nach unserem Gespräch stellte er mich Walter Ulbricht vor. Ich begegnete ihm bei dieser Gelegenheit persönlich das erste Mal. Zwar hatte ich von seiner unpersönlichen Art im Umgang mit anderen Genossen schon gehört, aber jetzt erlebte ich es selbst. Er gab mir die

Hand, nickte mir zu, aber ich spürte keine Anteilnahme, keinerlei Gemütsbewegung. Wenn auch in verschiedenen Ebenen, waren wir beide erfahrene Funktionäre, wir blieben uns jedoch fremd.

So begann meine Tätigkeit im Parteiapparat. Meine Aufgabe bestand darin, die Beziehungen zu den im Aufbau befindlichen Organisationen der KPD in der britischen Besatzungszone herzustellen. Im Dezember 1945 suchte ich als Vertreter des ZK der KPD die KPD-Leitungen in den Bezirken Hannover, Nordrhein-Westfalen und Hamburg auf. Im Ruhrgebiet führte ich Max Reimann als Bezirksvorsitzenden der KPD ein. Mit den führenden KPD-Funktionären erörterte ich Schlußfolgerungen für die politische Arbeit, die sich aus dem Aufruf des ZK der KPD vom 11. Juni 1945 ergaben, in dem festgehalten wurde: »...Wir sind der Auffassung, daß der Weg, Deutschland das Sowjetsystem aufzuzwingen, falsch wäre, denn dieser Weg entspricht nicht den gegenwärtigen Entwicklungsbedingungen in Deutschland. Wir sind vielmehr der Auffassung, daß die entscheidenden Interessen des deutschen Volkes in der gegenwärtigen Lage für Deutschland einen anderen Weg vorschreiben, und zwar den Weg der Aufrichtung eines antifaschistischen, demokratischen Regimes, einer parlamentarisch-demokratischen Republik, mit allen Rechten und Freiheiten für das Volk...«

Meine Reise war abenteuerlich. Um nicht in die Kontrolle an der Zonengrenze zu geraten, mußte ich mich einmal im Tender einer Lokomotive, die Rohbraunkohle über die Demarkationslinie zu einer westlichen Brikettfabrik brachte, verbergen. Unter diesen Umständen war ich wieder in einer halbillegalen Situation bei meiner Reise. Ausweise hatte man nicht. Tausende von Flüchtlingen wogten von Ost nach West und umgekehrt, immer den Gerüchten folgend, welche Gebiete abgetrennt werden sollten oder nicht. Aus zugigen Eisenbahnwagen mit zerstörten Fenstern, ohne Heizung, völlig überfüllt, stieg ich um auf Lastwagen, fest zusammengedrängt mit anderen Personen, um meine Ziele zu erreichen.

Ich sprach mit vielen Persönlichkeiten wie Senatoren in Bremen, die in den zwanziger Jahren der KPD angehört hatten, mit Funktionären der SPD, die mir aus dem KZ bekannt waren. Mit ihnen erörterte ich mögliche Perspektiven des Juni-Aufrufs der KPD, auch Projekte bürgerlicher Politiker der Weimarer Zeit über den Aufbau eines neuen Deutschlands. Im Mittelpunkt unserer Gespräche stand stets die Überwindung des Faschismus und die demokratische Gestaltung Deutschlands. In einer Begegnung mit Jarre, einem bürgerlichen Politiker spürte ich, daß er sehr aufgeschlossen dem KPD-Aufruf gegenüberstand.

So gewann ich viele Eindrücke und die Hoffnung, daß sich unsere Vorstellungen von einem einheitlichen demokratischen Deutschland, wie wir sie im KZ vorausgedacht hatten, verwirklichen werden.

Meine Rückkehr von dieser Reise gestaltete sich ebenfalls dramatisch. Ich wurde von einer sowjetischen Kontrolle im Tender der Lok entdeckt und der sowjetischen Ortskommandantur zugeführt. Bevor meine Identität festgestellt war, verging eine Reihe von Tagen. Franz Dahlem war beunruhigt und suchte mich schon, denn ich war »überfällig«. Erst nach seiner Intervention brachte mich ein sowjetischer Offizier nach Berlin zurück.

Weiterhin verlangte die Vorbereitung der Vereinigung der beiden Arbeiterparteien, der KPD und der SPD, zu einer einheitlichen Partei, viel Kraft. Für mich war es eine historische Notwendigkeit, daß sich nach der Weimarer Republik und den zwölf Jahren des Naziregimes die Arbeiterbewegung zusammenschließt, ihre politische und organisatorische Spaltung überwindet.

Im Zuchthaus und im Konzentrationslager waren viele Sozialdemokraten, gläubige Christen und Hitlergegner aus den verschiedensten Gründen neben uns Kommunisten der SS ausgeliefert. Durch die kameradschaftliche Hilfe entwickelte sich auch gegenseitige Anerkennung und Hochachtung. Verständlicherweise schloß das Meinungsverschiedenheiten bei der Beurteilung der politischen Lage und vor allem der geschichtlichen Vorgänge nicht aus. Doch die Erkenntnis, nur durch Solidarität überleben zu können, führte zu Sachlichkeit im Gespräch. Auch bei unterschiedlichsten Ansichten zu Fragen der Weltanschauung, über Religion, Kant, Hegel, Lassalle oder Marx. Ich erlebte Notwendigkeiten und Möglichkeiten der Toleranz gegenüber Andersdenkenden, die Gemeinsamkeit der Ansichten im Kampf um die Befreiung von faschistischer Knechtschaft und für die Errichtung eines wahrhaft neuen Deutschlands. Aber vor allem wuchs in den vielen Gesprächen, die ich im KZ-Lager mit den sozialdemokratischen Genossen hatte, der gemeinsame Gedanke, nie wieder im politischen Kampf um die Rechte der Arbeiterklasse gegeneinander zu stehen.

Von Jugend an hatte ich in meinem politischen Leben mit vielen sozialdemokratischen Genossen und Reichsbannerleuten Kontakt, das war in Breslau üblich. Die linken Kräfte in der Sozialdemokratie waren verhältnismäßig stark und sehr oft in Opposition zu ihrer Parteiführung. Das bedeutete, daß wir viele Probleme gemeinsam diskutierten, selbstverständlich von verschiedenen Standpunkten aus. Sie standen zu ihrer Partei und hatten auch eine Parteidisziplin, die jedoch nicht solch eine bedingungslose Unterordnung unter die Parteiführung bedeutete, wie sie bei uns in der KPD herrschte.

Nach der Befreiung vom Faschismus wuchs der Wille vieler sozialdemokratischer Mitglieder und Funktionäre nach Einheit der Arbeiterklasse. Auf einer Sechziger-Konferenz von je dreißig führenden Vertretern der SPD und der KPD Ende Dezember 1945 in Berlin erlebte ich die Übereinstimmung, die Einheitspartei zu schaffen. Beeindruckend war die Diskussionsrede von Otto Buchwitz, in der er sich leidenschaftlich für die Vereinigung von SPD und KPD einsetzte. Ich kann also aus eigenem Erleben und aus eigener Überzeugung sagen, daß der Wille zur Vereinigung der beiden Arbeiterparteien von der Basis getragen wurde. Die Repressalien gegen Zögernde bzw. Gegner der Vereinigung, besonders aus den Reihen der SPD, aber auch der KPD, verdunkelten die Bedeutung dieses historischen Ereignisses, widersprachen der Erklärung der KPD vom Juni 1945. Die sowjetische Militärmacht war offensichtlich von Stalin angewiesen, rigoros gegen Widerspenstige Druck auszuüben. Das schuf eine verhängnisvolle Atmosphäre.

Es war eine sehr bewegte Zeit, die von allen Mitarbeitern im Parteivorstand größte Einsatzbereitschaft verlangte, mich eingeschlossen.

Eine sehr fortgeschrittene Tuberkulose zwang mich im Frühjahr 1946, meine Arbeit aufzugeben. Ich ging zu Wilhelm Pieck und schilderte ihm die Lage. Er war wie immer sehr väterlich, erzählte mir auch von seinen überstandenen Krankheiten und machte mir Mut. Bedauerlicherweise war für mich jedoch meine bisherige Arbeit zunächst einmal beendet. Ich kam in das Krankenhaus nach Berlin-Buckow. Dort behandelte mich der aus der Emigration zurückgekehrte Prof. Zahdeck außerordentlich fürsorglich, denn er wußte, was es bedeutete, daß ich elf Jahre und drei Monate in den faschistischen Kerkern bzw. Konzentrationslagern unter schwersten Bedingungen durchgestanden hatte.

Nach einigen Wochen Pneumothorax war ich tuberkelfrei, mußte aber noch etwa drei Monate im Institut bleiben. Ich kam nach Sülzhayn im Harz zur weiteren Behandlung. In dieser schweren Zeit half mir meine im Zuchthaus und im Konzentrationslager gefestigte Willenskraft. Ich erlangte bald eine gute körperliche Konstitution und konnte nach insgesamt vierzehn Monaten meine Tätigkeit im Apparat des Parteivorstandes wieder aufnehmen.

In verschiedenen Parteifunktionen
(1947 bis 1953)

Mit Beginn des Jahres 1947 wurde ich im Parteivorstand des SED Sekretariats Hauptreferent für die Sammlung und für das Studium von Fragen der illegalen Parteitätigkeit und schließlich der Leiter dieses Sektors »Studium der illegalen Parteigeschichte«. Diese Funktion war paritätisch besetzt. Mit mir arbeitete der sozialdemokratische Genosse Bauernfeind. Es ging um die Aufarbeitung von Gestapo-Akten über die illegale Arbeit der KPD, der SPD und auch anderer antifaschistischer Kräfte. Es ging keineswegs um die Prüfung des Verhaltens von Genossen. Es galt, einen thematisch festgelegten Beitrag zur Darstellung von illegalen Aktivitäten der Partei gegen die Nazidiktatur zu leisten.

Ich erinnere mich an Gestapo-Akten zu einem Prozeß gegen eine Widerstandsgruppe von Kommunisten, Sozialdemokraten und bürgerlichen Kräften. Aus diesen Unterlagen ging hervor, daß diese Gruppe verschiedene illegale Treffs mit Wilhelm Leuschner hatte. Leuschner, der 1928 bis 1933 SPD-Innenminister des Landes Hessen war, wirkte in dem im zweiten Weltkrieg entstandenen Kreisauer Kreis mit. Diese Zusammenarbeit wurde aufgedeckt, und es kam zu Verhaftungen durch die Gestapo. Leider konnten die Umstände des Geschehens von mir nicht entschlüsselt werden, und ich weiß auch nicht, ob sie später weiter untersucht wurden.

Im obersten Stockwerk im Haus der Einheit war ein gesondertes Archiv eingerichtet. Es verwahrte Vorgänge von zentraler Bedeutung, zum Beispiel die Akten der »Roten Kapelle«. Der Zugang zu diesen Räumen war gesondert geregelt. Den ganzen Umfang des Archivbestandes habe ich nicht kennengelernt. Ich vermute, daß dieses Archiv später in einen Spezialbereich des Ministeriums für Staatssicherheit überführt worden ist.

In dieser Zeit beschäftigte ich mich auch mit dem Aufbau und der Entwicklung der Vereinigung der Verfolgten des Naziregimes (VVN). Unser Ziel und unsere Aufgabe waren die Stärkung der Zusammenarbeit aller demokratischen Kräfte und der Kampf gegen alle Überbleibsel des Faschismus, des Militarismus und gegen den Rassenhaß. Wir sahen den deutschen Widerstand gegen die Nazidiktatur von 1933–1945 als eine Bewegung an, in der unterschiedlichste Kräfte, Richtungen und Weltanschauungen durch antifaschistische Gemeinsamkeiten verbunden waren. Wir waren bemüht, Kommunisten, Sozialdemokraten, katholische und protestantische Gruppen, demokratische Bürger und Intellektuelle einzubeziehen. Die deutsche Widerstandsbewegung, in der Hunderttausende mutige Frauen, Männer und Jugendliche gekämpft hatten, sahen wir als einen Faktor der demokratischen Erneuerung unseres Volkes an, als ein wichtiges Instrument, die Jugend in neuem friedlichem, demokratischem Geist zu erziehen.

Bedeutungsvoll war die 1947 von Emil Carlebach und mir initiierte Bildung des Gesamtdeutschen Rates der VVN. Ihre Mitglieder waren Persönlichkeiten aller politischen Richtungen. Unter ihnen Heinz Galinski, Eugen Kogon, Pfarrer Poelchau, Pfarrer Flossdorf, Ottomar Geschke, Karl Raddatz, Hans Seigewasser und Franz Dahlem. Durch die Arbeit des GDR sollte die Bindung der Antifaschisten in ganz Deutschland gefestigt werden.

Die Verschärfung des Kalten Krieges zerstörte die gesamtdeutschen Verbindungen der antifaschistischen Widerstandskämpfer und der rassisch Verfolgten. In einigen Ländern Westdeutschlands wurde die VVN verboten. Am 29. Januar 1953 beschloß das Politbüro der SED die Einstellung der Tätigkeit der VVN. Es wurde ein zentrales Komitee gebildet.

Im Februar 1949 wurde ich stellvertretender Leiter der Westkommission des Parteivorstandes. Eine wesentliche Aufgabe dieser Kommission bestand darin, die Entwicklung in den westlichen Besatzungszonen zu analysieren.

Im September 1949 kam es zur Gründung der Bundesrepublik Deutschland. Die zwangsläufige Antwort war die Gründung der Deutschen Demokratischen Republik. Die staatliche Teilung Deutschlands schuf für die Beziehungen zwischen SED und KPD neue Bedingungen. 1950 wurde die Westabteilung des ZK der SED gebildet, deren Leiter ich wurde. In erster Linie ging es darum, die KPD zu unterstützen, damit sie sich zu einer selbständigen und von der SED unabhängigen politischen Kraft festigte.

Was die Wahrung der Selbständigkeit der KPD anbelangte, hatte ich erste ernste Differenzen mit Walter Ulbricht. Er sah in der KPD ein Anhängsel der SED, betrachtete sie als eine Art Agitations- und Propagandatruppe für die DDR. Er behielt sich vor, auf den Beratungen, die die KPD zum Teil in der DDR abhielt, zu referieren und Hinweise für die Politik der KPD-Führung im Interesse der DDR zu geben. Für Max Reimann, den Vorsitzenden der KPD, entstanden dabei oft schwierige Situationen. Ich sah mich veranlaßt, darüber mit dem verantwortlichen Sekretär für Internationale Verbindungen im ZK der KPdSU, Genossen Michail A. Suslow, zu beraten. Er teilte meine Auffassungen. Es war jedoch nicht einfach, Walter Ulbricht davon abzuhalten, in die Politik der KPD hineinzureden.

Im März 1952 rief mich Walter Ulbricht nach einer Sekretariatssitzung zu sich. Er informierte mich, daß beschlossen worden sei, mich der SED-Landesleitung Sachsen als Nachfolger von Ernst Lohagen zum 1. Sekretär der Landesleitung vorzuschlagen. Das kam für mich sehr überraschend, und ich gab zu bedenken, daß ich noch keine Erfahrung hätte, um eine solch große Parteiorganisation zu führen. Walter Ulbricht winkte ab und meinte, ich würde es schon schaffen. Dieser Personalentscheidung war der sogenannte »Fall Lohagen« vorausgegangen.

Ernst Lohagen war im Februar 1952 seiner Funktionen enthoben worden. Im Widerstand gegen den Faschismus ein hervorragender mutiger Organisator, standhaft im Zuchthaus; in der Freiheit verlor er die moralischen Tugenden eines Funktionärs der sozialistischen Arbeiterbewegung. Er verhielt sich grob und anmaßend Mitarbeitern gegenüber. Die »Tägliche Rundschau«, die Zeitung der Sowjetischen Militäradministration in Deutschland, hatte am 29. September 1951 den Fall aufgerollt, später auch andere. Die Kritik in der »Täglichen Rundschau« war eine Mahnung an Walter Ulbricht, dem Machtmißbrauch von oben bis unten Einhalt zu gebieten. Sie war aber auch an Walter Ulbricht direkt gerichtet.

Hermann Matern führte mich in der Landesleitung Sachsen in Dresden ein. Diese kooptierte und wählte mich zum 1. Sekretär. In Otto Buchwitz hatte ich eine wertvolle Unterstützung. Er war ein in der Mitgliedschaft angesehener und beliebter Parteiveteran und stand mir in vielen Fragen mit Rat und Tat zur Seite.

Zum Wiederaufbau Dresdens und insbesondere der Semper-Oper erhielt ich von Heinrich Rau die Zusage, daß entsprechende unterstützende Maßnahmen im Volkswirtschaftsplan der DDR vorgesehen seien. Ich schlug vor, außerdem eine nationale Stiftung zum Wiederaufbau der Semper-Oper einzuführen, weil ich dies als Möglichkeit für eine gesamtdeutsche Aktivität sah. Der Gedanke fand auch die Zustimmung von Otto Buchwitz und der anderen Sekretariatsmitglieder. Er wurde aber von der Parteiführung abgelehnt.

Auf der Landesdelegiertenkonferenz zur Wahl der Delegierten zur 2. Parteikonferenz wurde ich gemäß Statut in die Landesleitung und deren 1. Sekretär sowie als Delegierter zur 2. Parteikonferenz gegen 3 Stimmen gewählt.

Die 2. Parteikonferenz im Juli 1952 brachte sicherlich den meisten Parteimitgliedern eine sehr große Überraschung: Es wurde beschlossen, in der DDR den Sozialismus aufzubauen. Ein wirklich unerwarteter Beschluß, denn es gab vorher in der Partei darüber keinerlei Diskussion. Selbst das ZK wurde erst kurz vor der Konferenz informiert, bis zu diesem Zeitpunkt waren wir alle, auch das Zentralkomitee, ahnungslos.

Einer der sowjetischen Beobachter, Genosse Kabin, der mit der Deutschlandfrage sehr vertraut war, kam während der Konferenz zu mir und fragte mich, ob ich in der Diskussion sprechen würde. Ich erwiderte ihm, daß für die Landesleitung Sachsen schon Otto Buchwitz gesprochen habe, aber dieser Beschluß des Politbüros zum sozialistischen Aufbau kommt für uns alle völlig überraschend. Es wäre notwendig gewesen, eine solche grundsätzliche Entscheidung vorher in der Partei zur Diskussion zu stellen. Das wäre ein demokratisches Verhalten und gerade angesichts der kommunistischen und sozialdemokratischen Zusammensetzung der Partei auch unbedingt notwendig gewesen. Genosse Kabin schwieg natürlich dazu. Aber ich glaube, wir waren einer Meinung. Ich habe das auch mit Ernst Wollweber und anderen Genossen erörtert, die ähnliche Bemerkungen machten.

Es war für uns eine unglückliche Situation, daß der Sozialismus administrativ – von oben verordnet – eingeführt werden sollte. Die Delegierten haben natürlich den ihnen vorgesetzten Beschluß mit großer Begeisterung aufgenommen. Und das war zweifellos auch bei vielen Werktätigen in unserem Land der Fall. Ihre Zustimmung war verständlich, denn sie konnten die Folgen, die sich aus dieser überraschend getroffenen Entscheidung für die Entwicklung des Landes ergaben, nicht übersehen. Außerdem kannten sie nicht den historischen Hintergrund für diese Entscheidung. Er bestand meines Erachtens in der Tatsache, daß Stalin in seiner Europapolitik und im Hinblick auf die Eskalation des Kalten Krieges durch den Aufbau des Sozialismus in einem Teil Deutschlands zunächst einmal eine stärkere Position, ein größeres Gewicht in der damaligen europa- und weltpolitischen Konstellation erlangen wollte. Einerseits war ja eine Entwicklung in Richtung Sozialismus natürlich auch das, was wir erstrebten, und es erschien uns letztlich als die einzig mögliche Alternative für die weitere gesellschaftliche Entwicklung. Andererseits fühlten wir uns dem Ziel der Einheit Deutschlands verpflichtet, und der Aufbau des Sozialismus war in unserem damaligen Verständnis eine gesamtdeutsche Aufgabe. Wir waren in einer widersprüchlichen Lage. Aber der Einfluß der Sowjets war bei allem natürlich vorherrschend. Maßgebend war das Wort Stalins.

. Für mich bedeutete diese über die Köpfe der gesamten Mitgliedschaft der SED getroffene Entscheidung zum überstürzten Aufbau des Sozialismus eine Abkehr von dem bis dahin beschrittenen Weg einer antifaschistisch-demokratischen Gesellschaftsordnung mit dem Blick auf ein Gesamtdeutschland. Es begann für die DDR der Weg in ein stalinistisch geprägtes System. Walter Ulbricht konnte nunmehr, seinen ultralinken Plan in die Tat umzusetzen.

Mit diesen kritischen Gedanken fuhr ich nach der Konferenz nach Hause. Doch kaum hatten wir in der Landesleitung begonnen, die notwendigen Überlegungen anzustellen, was sich für unseren Bereich aus den Festlegungen der 2. Parteikonferenz für Aufgaben ergeben würden, da stand mir bereits ein neuer Funktionswechsel bevor. Durch die sich aus dem Beschluß der 2. Parteikonferenz ergebende territoriale Neugliederung der DDR wurden die bisherigen Länder aufgelöst. Aus dem Land Sachsen entstanden die Bezirke Dresden, Leipzig und Karl-Marx-Stadt. Ich übernahm es, den neu zu schaffenden SED-Bezirk Leipzig aufzubauen. Auf der ersten Delegiertenkonferenz des Bezirkes im August 1952 wurde ich in die Bezirksleitung und als 1. Sekretär gewählt.

Besondere Aufmerksamkeit mußte ich der linksradikalen Einstellung Paul Fröhlichs schenken. Als 1. Kreissekretär der SED in der Stadt Leipzig betrieb er eine sektiererische intelligenz-feindliche Politik gegen demokratisch gesinnte Professoren an der Leipziger Universität. Er intrigierte vor allem gegen die Professoren Ernst Bloch und Hans Mayer. Nicht zuletzt dadurch wurden sie aus der DDR vertrieben.

Auch bewegte mich die überraschende Verhaftung des

36

Sekretärs der Nationalen Front Leipzig, Hans Schrecker, und des Vorsitzenden des Konsums Leipzig, Werner Brodde, durch die Sicherheitsorgane. Auf meine Bitte um Aufklärung, ließ mir Wilhelm Zaisser lakonisch mitteilen, daß mich die Angelegenheit nichts angehe. Ich hätte mich nicht einzumischen. Daß diesen beiden Genossen Unrecht geschah, wird mit ihrer späteren Rehabilitierung bewiesen.

Im Sekretariat des Zentralkomitees

Ende des Jahres 1952 bat mich Walter Ulbricht zu einem Gespräch und teilte mir den Beschluß des Politbüros mit, mich mit dem Aufbau einer Abteilung »Leitende Organe und Kader« im Sekretariat des Zentralkomitees zu beauftragen. Ich stimmte zu und begann im Januar 1953 mit meiner neuen Tätigkeit. Mein Arbeitsgebiet war umfangreich.

Unter dem Begriff »Leitende Organe« verstand man die Leitungen der Bezirke, der Kreise bis zu den Grundorganisationen; vor allem in Betrieben und Institutionen. Zu meinen Aufgaben gehörte es, ihre Tätigkeit zu analysieren und diese im Sinne der führenden Rolle der Partei im gesamten gesellschaftlichen Leben effektiver zu gestalten. Eine weitere Aufgabe war die Auswahl von leitenden Kadern für zentrale Funktionen aufgrund der Vorschläge aus den Kreis- oder Bezirksorganisationen sowie die Auswahl der Kandidaten für den Besuch der Parteihochschule, die spezialisierten zentralen Studieneinrichtungen und die Bezirksparteischulen. Nach erfolgreichem Abschluß erfolgte in Verbindung mit den Fachbereichen des Zentralkomitees der Einsatz der Absolventen. Die Entscheidungen traf eine dafür eingesetzte sachkundige Kommission.

Der von der 2. Parteikonferenz der SED beschlossene »Weg zum Sozialismus« hatte eine Fülle von Problemen auf den verschiedensten Gebieten des gesellschaftlichen Lebens angehäuft, auch hinsichtlich des Einsatzes von

Führungskräften. In den meisten leitenden Funktionen – ob in der Wirtschaft oder im Staatsapparat – waren ehemalige Arbeiter und Angestellte tätig, die nach 1946 Universitäten, Hoch- oder Fachschulen absolviert hatten. Ihre Weiterbildung sowie die Heranbildung neuer wissenschaftlich ausgebildeter Kader war notwendig und das auch für Funktionen in der Partei. Aus meinen Erfahrungen heraus sah ich eine wesentliche Aufgabe darin, zu erreichen, daß bei der Besetzung einer Funktion Sachverstand und politische Wahrhaftigkeit des Kandidaten ausschlaggebend für eine Entscheidung sein müssen und nicht vorgespielte Ergebenheit. Ich wollte Karrieristen den Weg des Aufstiegs versperren und auch der Vetternwirtschaft entgegenwirken. Das war ein schwieriges Unterfangen. Dabei fand ich nicht nur Freunde, sondern auch erheblichen Widerstand von sich bereits in Amt und Würden befindenden Funktionären.

Ein Ressort der Abteilung war die Parteiinformation. Hier lief alles zusammen, was an speziellen Informationen und an regelmäßigen Arbeitsberichten aus den verschiedenen Leitungsebenen im Parteiaufbau von »unten« kam. Im Grunde war es aber eine frisierte, schöngefärbte Berichterstattung nach »oben«. Ein ehrlicher Bericht hätte für den Berichterstatter negative Folgen haben können. Ich war bemüht, eine solche Art der Information abzuschaffen.

Eine besondere Aufgabe war die Zusammenarbeit mit den Vorsitzenden der Massenorganisationen wie FDGB, FDJ sowie DFD, die Mitglieder des Zentralkomitees waren. Da ich in meiner Tätigkeit sehr häufig mit zentralen Fragen der Parteiarbeit beschäftigt war, mit allen Leitungsebenen der Partei Kontakt hatte und in meiner Eigenschaft als Abteilungsleiter oft an Sitzungen des Sekretariats des ZK teilnehmen mußte, wurde ich am 14. Mai 1953 auf der 13. Tagung des Zentralkomitees als Mitglied des ZK kooptiert und auch Mitglied des Sekretariats. Der Arbeitsstil dieses Sekretariats befremdete und erschütterte mich. Ulbricht verfuhr wie ein Diktator und ließ kaum gründliche Diskussionen zu. So hatte z. B. die Ministerin für Volksbildung, Else Zaisser, eine Vorlage über das Schulwesen eingebracht, mit der er nicht einverstanden war. Als sie ihm widersprach, überschlug sich seine Stimme in seinen wütenden Antworten. Else Zaisser blieb ihm zwar keine Antwort schuldig, denn sie hatte ihren Mann im Rücken. Doch die Diskussion wurde einfach abgebrochen.

Als Franz Dahlem, Mitglied des Politbüros, Gespräche mit einigen liberalen Politikern in Westdeutschland vorschlug, fuhr Ulbricht unwirsch auf und kanzelte Dahlem wie einen Schuljungen ab. Es kam zu einem heftigen Wortwechsel. Daraufhin packte Dahlem seine Akten und ging hinaus. Das war das auslösende Moment für die Angriffe gegen ihn. Ihm wurde vorgeworfen, in der französischen Emigration angeboten zu haben, daß die deutschen Kommunisten in Frankreich die französische Nation im Kampf gegen Hitler unterstützen werden. Dahlem war nicht bereit, die Politik Stalins in seinem Pakt mit Hitler auf die Haltung der deutschen Kommunisten in Frankreich zu übertragen. Im weiteren warf man ihm auch noch Verbindung zur Field-Organisation vor.

Die Ausschaltung Franz Dahlems hatte ein Vorspiel. Ulbricht wollte mich offensichtlich in die geplante Intrige hineinziehen. Etwa im Februar 1953 sagte mir Fritz Selbmann, daß ihn Walter und Lotte Ulbricht besucht und im Gespräch auch erwähnt hätten, daß sie Franz Dahlem nicht mehr für tragbar hielten und ihn von seiner Funktion ablösen müßten. Er wollte mir das nur sagen, so Selbmann wörtlich, »weil mir bekannt ist, daß du zu Dahlem ein sehr gutes Verhältnis hast und man unter Umständen damit rechnet, daß du aufstehst und dagegen etwas sagst«. Ich entgegnete Fritz Selbmann: »Was soll das? Willst du mich hier beeinflussen? Du kennst mich doch. Ich werde keinen Schritt mitmachen, der sich gegen Franz Dahlem richtet. Ich weiß nicht, warum und weshalb überhaupt das alles beabsichtigt ist. Die Meinung von Ulbricht ist nicht zu vertreten.«

Die Vorlagen, die von Abteilungsleitern oder auch Mitgliedern des Sekretariats unter Beachtung der politischen und ökonomischen Bedingungen erarbeitet und eingereicht wurden, unterzog Walter Ulbricht scharfer, ja, ich möchte sagen, mißtrauischer Kritik. So erzwang er oft Entscheidungen im Interesse der angeblich unvermeidlichen »Verschärfung des Klassenkampfes«. Er war geradezu verbissen bemüht, die Beschlüsse der 2. Parteikonferenz für einen beschleunigten Aufbau des Sozialismus in aller Radikalität durchzusetzen.

Ich war nur knapp zwei Monate unmittelbar mit der Arbeit des Sekretariats vertraut, aber immer mehr erkannte ich den Dualismus zwischen Politbüro und Sekretariat des ZK. Das Sekretariat arbeitete fast unabhängig vom Politbüro. Es stand unter unmittelbarer Leitung und Kontrolle von Walter Ulbricht in seiner Eigenschaft als Generalsekretär. Seit 1950 hatte er sich mit einer Reihe ihm besonders ergebener Personen umgeben und somit das Sekretariat immer mehr zu seinem Instrument entwickelt, mit dem er seine persönliche Macht und seine politischen Vorstellungen von der Errichtung einer sozialistischen Gesellschaft nach stalinistischem Modell

durchzusetzen versuchte. Oft führte er – ohne das Politbüro zu befragen – in eigenem Ermessen Entscheidungen herbei. Da Ulbricht zugleich Stellvertreter des Ministerpräsidenten war, nutzte er natürlich auch alle
Möglichkeiten, um in die Bereiche des Staatsapparates
hineinzuwirken. Sein Vertrauter war der Staatssekretär
Otto Gotsche, der Walter Ulbricht über alle Ministerrats-
sitzungen, an denen er nicht teilnehmen konnte, berichtete.

Im Sekretariat selbst war von Kollektivität keine Spur.
Ich habe viel darüber nachgedacht und immer mehr
wurde mir bewußt, daß dieser Zustand nicht nur mit der
Persönlichkeit Ulbrichts zusammenhing, vielleicht sogar
in erster Linie in dem System des sogenannten demokratischen Zentralismus lag, das von Persönlichkeiten wie
Ulbricht selbst in einem solchen Gremium wie dem Sekretariat des ZK mißbraucht werden konnte.

Es war voll und ganz dem zentralisierten und hierar-
chischen Aufbau der stalinschen KPdSU und den stalinschen Führungsprinzipien angepaßt.

Der Tod J. W. Stalins am 5. März 1953 hat mich persönlich nicht außerordentlich tief erschüttert. Ich sah
Stalin im November 1952 auf der Festveranstaltung zum
35. Jahrestag der Großen Sozialistischen Oktoberrevolution im Bolschoi-Theater in Moskau zum ersten und
letzten Mal. Er hatte im Präsidium auf der Bühne Platz
genommen und wirkte auf mich ernüchternd. Nach
Schilderungen und Bildern hatte ich einen großen, kräf-
tigen, Willensenergie ausstrahlenden Mann mit graume-
liertem Haar erwartet. Stattdessen saß ein relativ kleiner,
alt und krank wirkender Mensch in den Reihen des Präsidiums.

In der Zeit meiner Funktionärstätigkeit im Kommunistischen Jugendverband und dann in der KPD war ich wie die meisten jungen Kommunisten auf Thälmann und Josef Wissarionowitsch Stalin eingeschworen. In der Lagerhaft in Sachsenhausen und Flossenbürg entstand in den Diskussionen vor allem mit sozialdemokratischen und christlichen Antifaschisten sowie sowjetischen »Zwangsarbeitern« ein differenzierteres Bild von der Politik Stalins – vor allem im Vergleich mit Lenin. Nach 1945 war Stalin vor allem der Führer des Sowjetvolkes, das entscheidend den Hitlerfaschismus zerschlagen hatte und Befreier des deutschen Volkes von der Nazibarbarei war. Auch auf mich blieb die Atmosphäre der Achtung und Verehrung Stalins nicht ohne Wirkung. So war die Trauer und Erschütterung der meisten Mitglieder und Funktionäre der SED sowie nicht weniger Werktätiger in der DDR über den Tod J. W. Stalins verständlich. In der Zeit meiner politischen Arbeit nach 1945 entstanden Kontakte mit Funktionären der KPdSU, die im Rahmen der Sowjetischen Militäradministration in der SBZ und später in der DDR arbeiteten. Mit ihnen gab es vertrauliche Gespräche über Entwicklungsprobleme in der Sowjetunion und in Deutschland, es tauchten Fragen auf über das Schicksal politischer Emigranten in der UdSSR und auch über die Rolle der UdSSR als sozialistische Besatzungsmacht. So war – zurückblickend gesehen – in mir eine Art innere Distanz zur politischen Herrschaft Stalins entstanden. Ich war politisch nicht durch die Zeit langjähriger Emigration in Moskau, sondern durch langjährige KZ-Haft in Deutschland geprägt.

Der Neue Kurs und der 17. Juni 1953

Auf der 2. Parteikonferenz hatte Walter Ulbricht erklärt, daß durch die bisherige volkswirtschaftliche Entwicklung die Voraussetzung für den Übergang zum Sozialismus gegeben sei. Es zeigte sich jedoch, daß zur Aufrechterhaltung der politischen und ökonomischen Stabilität der DDR einschneidende Maßnahmen notwendig wurden, um ein rasches Wachstumstempo und höhere Akkumulationsraten vor allem im Bereich der Schwerindustrie zu erreichen. Das geschah auf Kosten der Leichtindustrie und der Nahrungsgüterproduktion. Alles in allem hatte der abrupte Übergang von einer antifaschistisch-demokratischen Politik zu einer Politik des rigorosen Aufbaus einer sozialistischen Gesellschaft für alle Schichten der Bevölkerung nach und nach katastrophale Folgen und verschlechterte die Lebenslage insgesamt. Es begann eine Zwangswirtschaft.

Das Kleinbürgertum, Kaufleute, kleine Fabrikanten, Handwerker wurden – ähnlich wie in anderen osteuropäischen Ländern – in ihrer wirtschaftlichen und sozialen Existenz in Frage gestellt. Landwirtschaftliche Produkte der Bauern wurden zwangsweise erfaßt. Hinzu kamen steuer- und preispolitische Maßnahmen und im geistig-kulturellen Bereich eine sich ständig verschärfende sektiererische Politik. Außerdem führte übersteigerte Sicherheitspolitik im Banne des Kalten Krieges zu wirtschaftlicher und finanzieller Belastung und zur Verschärfung des politischen Strafrechts.

Unter den Arbeitern, Angestellten, den Bauern, der technischen und künstlerischen Intelligenz sowie Studenten stieß diese Politik auf Unverständnis und Widerspruch. Natürlich tat die westliche Seite im Kalten Krieg ihr übriges; von der Politik ökonomischer Schädigung bis zur schärfsten antikommunistischen Hetze und Propaganda. Das Vertrauensverhältnis zwischen Volk und Partei war bis aufs Äußerste belastet. Zehntausende verließen die DDR, kehrten dem Sozialismus, den sie in dieser Art nicht gewollt und nicht mehr ertragen wollten, den Rücken. Berechtigt wuchs der Unmut der Bürger im Lande.

Der Beschluß des Ministerrates vom 28. März 1953, administrativ die Arbeitsnormen um durchschnittlich zehn Prozent zu erhöhen, führte schließlich zu größter Unzufriedenheit bei den Industrie- und Bauarbeitern.

Walter Ulbricht schlug alle warnenden und mahnenden Worte in den Wind. Er verhinderte Aussprachen im Politbüro und im Sekretariat. Er wollte die wirklich gefährliche Lage und die Ursachen für diese kritische Entwicklung nicht wahrhaben. Er betrieb geradezu ein Hasardeurspiel. Er wollte keine Korrektur. Später, während der kritischen Tage des 17. Juni 1953, habe ich Lotte Ulbricht gefragt, ob er gewußt habe, wie es in der DDR aussieht. Sie bejahte und meinte, Walter hätte unter dem Druck der sowjetischen Marschälle gestanden. Offensichtlich glaubten die, daß diese rigorose Politik mittels ihrer großen militärischen Macht immer weiterzuführen sei. Vielleicht wollte Lotte Ulbricht mit diesen Äußerungen auch nur ihren Mann in Schutz nehmen.

Die kritische Entwicklung in der DDR, die das Politbüro der KPdSU durch seine Zustimmung zum Aufbau des Sozialismus selbst mit ausgelöst hatte, war von ihm natürlich auch beobachtet worden. Ich erinnere mich, kurze Zeit nach dem 10. Plenum des ZK der SED (20.–22. November 1952), das tiefgreifende Festlegungen zur forcierten Umsetzung der Beschlüsse der 2. Parteikonferenz getroffen hatte, in der SED-Bezirksleitung Leipzig, den Besuch eines sowjetischen Generals erhalten zu haben. Er informierte mich freundschaftlich darüber, daß er im Auftrage der sowjetischen Regierung eine Arbeitsgruppe leite, die sich in verschiedenen Bezirken der DDR umsehe, Land und Leute kennenlernen und politische Informationen über die Entwicklung der DDR zusammentragen wolle. Er suchte mich in den folgenden Tagen hin und wieder auf. Über seine Arbeit sprach er nicht, gab mir aber diesen oder jenen Hinweis. Für mich war eine solche Zusammenarbeit selbstverständlich.

Die Führung der UdSSR hatte demnach ein genaues Bild über den Stand der Dinge in der DDR. Als sich die Lage Ende Mai 1953 zuspitzte und der sowjetischen Regierung die Massenflucht aus der DDR nach Westdeutschland katastrophal erschien, sah sie sich gezwungen, Maßnahmen zur Korrektur der in der DDR entstandenen ungünstigen Situation zu ergreifen und aus diesem Grunde eine Delegation des ZK der SED nach Moskau einzuladen. Zu ihr gehörten Otto Grotewohl, Walter Ulbricht und Fred Oelßner. Die Beratungen fanden vom 2. bis 4. Juni 1953 statt. Die Delegation wurde mit dem Beschluß des Präsidiums der KPdSU »Über Maßnahmen zur Gesundung der politischen Lage in der Deutschen Demokratischen Republik« bekanntgemacht. (Siehe Dokument Nr. 2, Seite 172) Kritisch wurde die in der DDR entstandene Lage analysiert. Walter Ulbricht, Otto Grotewohl und Fred Oelßner waren völlig überrascht von der scharfen Kritik am linksradikalen Kurs der SED, den vor allem Walter Ulbricht als Generalsekretär des ZK der SED zu verantworten hatte. Sie wurden aufgefordert, dazu über Nacht eine eigene Stellungnahme auszuarbeiten. Ihre Ausarbeitung wurde nach heftiger Diskussion zurückgewiesen, nachdem Berija sie in schärfsten Worten fast beleidigend angegriffen hatte. Es wurde festgelegt, die Weiterführung des Aufbaus des Sozialismus in der DDR aufzugeben. Alle Mitglieder des Politbüros der KPdSU stimmten zu. War es, um sich Berija weiter offenbaren zu lassen, oder waren sie untereinander noch uneinig, was Berijas künftige Pläne anbelangte? Dieser Beschluß hat seinen ernsten Hintergrund in der Situation an der Spitze der Führung der KPdSU.

Berijas Streben, die Macht in die Hände zu bekommen, führte zu einem immer schärferen Widerstand bei den anderen Mitgliedern der Parteiführung der KPdSU. Besonders N. S. Chruschtschow trat den Machtgelüsten Berijas entgegen. Es gab zwei entscheidende Dinge, die das Mißtrauen gegen Berija immer mehr verstärkten.

Zum einen schlug er einen diplomatischen Vorstoß vor. Er wollte die DDR aufgeben, um dafür eine Neutralität ganz Deutschlands einzuhandeln. Er erwartete, daß SED, SPD sowie liberale Kräfte bis zur politischen Mitte hin bei freien geheimen Wahlen die Mehrheit gegenüber den konservativen Kräften in Deutschland bekommen würden. Dadurch könne die Gefahr der weiteren Militarisierung Westdeutschlands und überhaupt der sich verschärfende Kalte Krieg von deutschem Boden verbannt werden und die Sowjetunion gemeinsam mit den Alliierten ihren Einfluß in ganz Deutschland für neue Vorschläge sichern. Das alles schien schon vorbereitet. Sowjetische Genossen, die mich in dieser Zeit besuchten, einige Male der Botschaftsrat Orlow mit Begleitung, sagten mir: »Ihre Partei wird jetzt eine große schwere Aufgabe lösen und sich auf freie geheime Wahlen vorbereiten müssen.« Ich erwiderte ihnen, daß ich das alles für sehr voreilig hielte.

Von den Vorschlägen Berijas hatte ich später erfahren. Sie waren meinem Erachten nach ein taktisches Manöver, mit dem er sich nach außen profilieren wollte. Die Westmächte und die Adenauer-Regierung wären niemals bereit gewesen, auf dieses Angebot einzugehen. Selbst formale Verhandlungen hätten sich lange hingezogen und als sinnlos erwiesen.

Zum anderen fürchtete man im Präsidium des ZK der KPdSU, Berija werde die Zeit nutzen, um endgültig die Macht im Kreml zu übernehmen. Was dann geschehen wäre, kann sich jeder Kenner der Situation vorstellen. Berija hätte mit Brutalität und neuem Terror, mit Prozessen und Genickschüssen alle Widerstände in der Parteiführung der KPdSU gebrochen. Schließlich war er der Scharfrichter Stalins. Eine Terrorwelle wäre über die sozialistischen Staaten gerollt. Diesmal hätte sie auch mit aller Wucht die SED getroffen. Die Prozesse gegen Franz Dahlem, Paul Merker, Kreikemeyer, der sich angeblich erhängt hatte, Lex Ende, angeblich an Herzversagen in der Wismut gestorben (Dokumente darüber fehlen bisher), und viele frühere Funktionäre waren ja durch Berijas Apparat schon in Vorbereitung. Der XX. Parteitag hätte nie stattgefunden.

Mit der Zusage für Unterstützung der neuen Politik in der DDR durch die sowjetische Seite, trat die SED-Delegation ihre Rückreise an. Kurz vor der Abreise sandte sie ein Telegramm nach Berlin, in dem die erstaunten Mitglieder des Politbüros die Weisung erhielten: Stop mit dem Aufbau des Sozialismus. Später informierte mich Fred Oelßner über die Auseinandersetzung im Kreml. Ich sagte ihm, daß es sich doch nur um eine Verlangsamung des Tempos beim Aufbau des Sozialismus handeln könne. Wir würden dem schwerwiegenden Fehler der 2. Parteikonferenz, zur Unzeit mit dem beschleunigten Aufbau des Sozialismus begonnen zu haben, einen ebenso schwerwiegenden Fehler hinzufügen, wenn wir nun den Sozialismus über Bord würfen. Das wäre eine Beleidigung für die Parteimitglieder und die Werktätigen, die bisher an den Aufbau des Sozialismus glaubten und dafür so manche Entbehrung auf sich genommen haben. Ich erinnere mich auch an den in jahrzehntelangem Kampf in der Arbeiterbewegung bewährten Otto Buchwitz. Getragen von seinem unerschütterlichen Glauben an die große menschheitsbewegende Idee des Sozialismus hatte er in seinem Diskussionsbeitrag auf der 2. Parteikonferenz unter begeistertem Beifall der Delegierten gerufen: »Wir haben es ersehnt... Wir haben gelitten und Opfer gebracht, wie sie ein einzelner für diese große, schöne und herrlichste Idee nur bringen kann...«

Nach Rückkehr der Delegation aus Moskau wertete das Politbüro in mehreren Sitzungen hinter verschlossenen Türen die Verhandlungen in Moskau aus. In diesen Tagen herrschte im Hause des Zentralkomitees eine bedrückende Atmosphäre. In keinem Arbeitsbereich bestand Klarheit über das Geschehen. Auch die Mitglieder des Sekretariats wurden vom Generalsekretär – wie vorher schon oft – nicht informiert. Im Politbüro selbst gab es mit Walter Ulbricht sehr kritische Auseinandersetzungen über die Arbeitssituation, über seinen selbstherrlichen Arbeitsstil und Verletzung der Rechte des Politbüros. Er wurde aufgefordert, die Dinge im Sekretariat zu behandeln. Brüsk lehnte er zuerst ab.

Einige Tage später kam doch noch eine Zusammenkunft der ehemaligen Sekretariatsmitglieder zustande. Ulbricht sprach nicht über die Kritik an seiner Person, die er in Moskau und im Politbüro der SED erfahren hatte. Er sagte: »Es wird einen Neuen Kurs geben, der Aufbau des Sozialismus wird nicht weitergeführt.« An dieser Sitzung nahmen die Sekretariatsmitglieder Walter Ulbricht, Hermann Axen, Edith Baumann, Adalbert Hengst, Karl Schirdewan, Otto Schön, Paul Verner teil. In der bedrückenden Stille erklärte ich, daß ich mit der Feststellung, der Aufbau des Sozialismus wird nicht weitergeführt, nicht einverstanden sei. Es kann sich nur um eine Verlangsamung des Tempos handeln. Mit dem Neuen Kurs muß gleichzeitig eine Demokratisierung der gesellschaftlichen Prozesse in Richtung des Sozialismus vor sich gehen.

Diese Meinung habe ich auch vor den sowjetischen Genossen konsequent vertreten. Nach Berijas Sturz haben mir in Moskau wie in der sowjetischen Botschaft führende Genossen gesagt, wäre Berija geblieben, wäre ich wohl in allergrößte Schwierigkeiten geraten.

Erst durch das Kommunique des Politbüros vom 9. Juni 1953 erfuhr ich Näheres über den Inhalt des Neuen Kurses, über die Korrektur fehlerhafter Entscheidungen. Sie waren ohne Beratung im Zentralkomitee getroffen worden. Am 11. Juni 1953 konkretisierte ein Beschluß des Ministerrates die Maßnahmen.

Die Gesamtentwicklung hatte sich aber bereits dem kritischen Punkt genähert. Die administrative Normenerhöhung tickte weiterhin wie eine Zeitbombe, wie ich in einer späteren Einschätzung der Lage las. Sie war mit dem Ministerratsbeschluß vom 11. Juni nicht gelöst. Es war also 5 Minuten nach 12 Uhr, und so traf der Zorn der empörten Massen wie ein Blitz die Parteiführung.

Am 15. Juni – wir hatten gerade Sekretariatssitzung, die letzte dieser Art – kam ein Instrukteur, der im Friedrichshain tätig war, in das ZK. Er informierte, daß die Streikbereitschaft sehr groß sei, und man am nächsten Tag zu Demonstrationen übergehen wolle, um die Senkung der Arbeitsnormen zu erreichen. Darauf schlug Ulbricht, er war in dieser Zeit sowieso ständig erregt, mit der Faust auf den Tisch und schrie: »Das kommt überhaupt nicht in Frage. Wir werden keinen Rückzug antreten!« Wenn Ulbricht überlegt reagiert hätte, nicht wieder in der für ihn typischen Art der »Flucht nach vorn«, hätte man möglicherweise sofort, also schon am 15. Juni abends, Maßnahmen zur Entspannung der Lage veranlassen können. Vielleicht hätte man so den 17. Juni im Vorfeld entschärfen können.

Am 16. Juni abends tagte das Berliner Parteiaktiv im Friedrichstadtpalast. Otto Grotewohl und Walter Ulbricht erläuterten selbstkritisch Anliegen und Inhalt des »Neuen Kurses«. Aber es war schon zu spät. Nach der Aktivtagung wollte ich noch ins Haus der Einheit. Auf der Kreuzung Friedrichstraße/Unter den Linden kam es bereits zu Zusammenstößen. Einige hundert Menschen, vor allem Jugendliche, versuchten die Teilnehmer der Aktivtagung zu provozieren. Der Kleidung nach zu urteilen waren die überwiegende Zahl dieser Randalierer Westberliner Halbwüchsige, die zweifellos als »Stoßtrupp« in den Osten Berlins gekommen waren. Der RIAS hatte bereits den Streikaufruf gesendet und am 16. Juni 1953 in der Sendung um 16.30 Uhr die Forderung kolportiert, »Weg mit der Regierung!«

Ich bin oft gefragt worden, warum die Volkspolizei oder die bewaffneten Organe nicht rigoros gegen Demonstranten vorgegangen sind. Im Interesse einer friedlichen Entwicklung nach dem 9. Juni, der »Verkündung« des Neuen Kurses, war Zurückhaltung geboten. Von diesem Zeitpunkt an hatten bezirkliche Polizei und Kasernierte Volkspolizei striktes Verbot, die Waffe zu benutzen. Auch Polizeiwachen, die in einigen Städten der Republik am 17. Juni überfallen wurden, haben sich nur körperlich gewehrt. Das bleibt oft unerwähnt, wenn man über den 17. Juni spricht.

Am 17. Juni selbst war ich im Haus der Einheit. Mein Arbeitszimmer befand sich im 5. Stock. Ich beschäftigte mich vor allem mit den Berichten aus dem Sektor Informationen, der mir unterstand, und mit Berichten, die aus der Republik eintrafen. Außerdem waren zwei Vertreter der sowjetischen Botschaft bei mir, die ich dem Namen nach nicht kannte, um ihre eigenen Informationen zu ergänzen. Ich war mit den Sekretariaten der Kreisleitungen verbunden, um einen Überblick über die Lage in der ganzen Republik zu bekommen. Ich forderte eine klare Einschätzung der Situation ohne jegliche Schönfärberei. Meine Informationen gab ich dem Sekretär des Politbüros – Otto Schön – zur Weiterleitung an die Politbüromitglieder. Eine Reaktion darauf erfolgte jedoch nicht.

Am späten Vormittag kam es zu einem Auflauf von etwa 3.000 protestierenden Menschen vor dem Haus der Einheit. Einige Jugendliche begannen mit Steinen zu werfen. Und wenn sie gekonnt hätten, wären sie in das Haus eingedrungen. Am Kino Babylon fuhr gegen 13.00 Uhr eine Kolonne Jeeps mit sowjetischen Soldaten und einem General auf. Der General kam zu mir und forderte: »Genosse Schirdewan, geben Sie den Befehl zum

Schießen!« Ich sagte: »Unter keinen Umständen. Bitte fahren Sie vor das Hausportal und lassen Sie, wenn notwendig, absitzen. Sie werden sehen, die Masse zerstreut sich.« Und so kam es auch. Ich war sehr froh. Wäre der Mann noch einmal gekommen, ich hätte ihn umarmt. Wenn jemand anderes an meiner Stelle gewesen wäre – ohne die Erfahrungen aus der Zeit vor 1933, meine ich, ich weiß nicht, ob er sich auch so entschieden hätte. Es war auch so, daß in dieser Demonstration einige Leute sogar Thälmann-Bilder mit sich führten. Es waren vor allem einfach empörte Menschen. Natürlich waren auch feindlich Gesinnte darunter. Ich glaube, ich habe in dieser Situation richtig gehandelt. Ich war natürlich froh, daß die Sache nicht weiter eskalierte. Leider ging es nicht überall so glimpflich ab. Ein Ausnahmezustand hat seine eigenen Gesetze. Ich weiß übrigens bis heute nicht, wer den sowjetischen General zu mir geschickt hat. Unten im Haus saßen Hermann Axen, der engste Mitarbeiter Ulbrichts, sowie Edith Baumann und Paul Verner. Das Politbüromitglied Axen, in meinen Augen ein Politbürokrat, hatte – vielleicht auf Weisung Ulbrichts – die Ersten Bezirkssekretäre in dieser Situation nach Berlin bestellt. Und sie sind prompt gekommen. Eigentlich hätten sie an die Brennpunkte des Geschehens in ihren Bezirken gehört.

Es gab natürlich auch Provokateure, die in diesen Tagen in feindlicher Absicht wirkten. Man darf z. B. nicht die ehemaligen NSDAP-Funktionäre vergessen, die in der DDR lebten und Gelegenheit hatten, aktiv zu werden. Auch war der Antikommunismus in bestimmten Schichten tief verwurzelt. Auf der Straße und später in den Betrieben fand ich bestätigt, daß sich einerseits scharfe politische Gegnerschaft herausgebildet hatte, die vom Westen mit allen Mitteln geschürt wurde, andererseits waren es einfach vor allem viele nur über Mißstände Verärgerte, die keine prinzipiellen politischen Motive gegen den Sozialismus hatten. Unter ihnen waren auch SED-Mitglieder und uns positiv gesinnte Parteilose an dem Aufstand beteiligt. Diese hatten wir neu zu gewinnen.

Von Seiten der SED sind die Umstände des 17. Juni niemals gründlich analysiert worden. Das war der falschen Losung »keine Fehlerdiskussion« geschuldet.

Das Politbüro tagte seit dem Plenum am 9. Juni fast in Permanenz in geschlossenen Sitzungen, um Detailfestlegungen zu treffen, die für die Revidierung des Kurses zum Aufbau des Sozialismus notwendig waren. Zu bestimmten Fragen wurden auch sachkundige leitende Funktionäre hinzugezogen. Außerdem war eine Kommission gebildet worden, die Ziel und Inhalt des Neuen Kurses grundlegend formulieren sollte. Die Ereignisse des 17. Juni unterbrachen diese Arbeit. Dabei offenbarte sich eine wesentliche Schwäche des Politbüros: Der Mangel an Massenverbundenheit und fehlender Mut zur Wahrheit. Nicht ein Mitglied des Politbüros überwand den politischen Schock, die daraus resultierende Sprachlosigkeit und forderte die sofortige Einberufung des Zentralkomitees. Man mußte den Eindruck gewinnen, sie versteckten sich unter der Decke des von der sowjetischen Militärbehörde verhängten Ausnahmezustandes.

Am 19. Juni bat mich Semjonow, der Hohe Kommissar der UdSSR, zu sich. Ich kam in sein Arbeitskabinett, das gerade Hans Jendretzky und Alfred Neumann verließen. Ich hatte das Gefühl, daß der Besuch für die beiden nicht gerade erfreulich zu Ende gegangen war.

Semjonow stand vor seinem Schreibtisch, rechts von

ihm saß Judin, der Stellvertreter des Hohen Kommissars, der Protokoll führte. Links saßen ca. zwanzig Funktionäre und zwei sowjetische Marschälle. Einer von ihnen war Marschall W. D. Sokolowski. Semjonow bat mich um Beurteilung der politischen Lage. Ich fragte ihn, ob ich eine Gegenfrage stellen dürfe. »Ja, natürlich.«

»Sind Sie daran interessiert, daß der Ausnahmezustand aufrechterhalten bleibt?« Erstaunter Blick. »Natürlich nicht.« Daraufhin ich: »Wo ist die Parteiführung? Wir haben eine ganz prekäre Situation, und die Parteiführung handelt nicht.«

In der Tat, von den Mitgliedern des Sekretariats und auch im ganzen Haus kannte niemand den derzeitigen Aufenthaltsort der Spitze der Parteiführung. So bat ich Semjonow, sich für eine sofortige Einberufung der 14. Tagung des Zentralkomitees einzusetzen. Alles andere sei im Augenblick zweitrangig. Semjonow fragte mich noch nach meiner Meinung über Walter Ulbricht. Ich wies ihn darauf hin, daß er ja selbst die negativen charakterlichen und politischen Eigenschaften Walter Ulbrichts kenne. Ich persönlich würde in dieser Situation nicht gerne den Reiter wechseln. Man solle sich Zeit lassen, bis eine kritische Analyse des Zentralkomitees über die Entwicklung der letzten Jahre vorläge. Das sah Semjonow offensichtlich auch so. Er fragte mich dann noch nach Heinrich Rau. Dazu meinte ich, er könne bei einem erforderlichen Wechsel ein aussichtsreicher Kandidat für die Parteiführung sein.

Aus den in meinem Arbeitsbereich eingehenden Informationen aus den Bezirks- und Kreisleitungen wußte ich, daß in den Parteiorganisationen Verwirrung über die Lage, größter Unmut über die fehlende Orientierung, vor allem über das Schweigen des Politbüros herrschte.

Für mich war die entscheidende Frage, den Arbeitern und allen anderen Werktätigen der DDR offen und ehrlich zu sagen, warum und wie es zu dieser kritischen Lage gekommen ist. Sie müssen erfahren, was der Neue Kurs bedeutet und was er bringen soll. Dabei stand für mich fest, daß ein Neuer Kurs in erster Linie die Voraussetzung für eine wahrhaft demokratische Entwicklung zur sozialistischen Gesellschaft und für eine wesentliche Verbesserung der Lebenslage der gesamten Bevölkerung schaffen müsse. Die wichtigste Voraussetzung dafür sah ich in der Schaffung demokratischer Bedingungen in der Partei selbst.

Unter dem Zwang der Ereignisse wurde endlich für den 21. Juni die 14. Tagung des Zentralkomitees einberufen. Es sollte über die politische Lage und die unmittelbaren Aufgaben der Partei beraten werden. Aber es erfolgte keine offene und kritische Wertung der Lage. Die Ereignisse um den 17. Juni wurden ausschließlich als eine seit langem vorbereitete faschistische Provokation beurteilt. Eine Erörterung der Ursachen des Geschehens wurde abgelehnt. Man dürfe dem Gegner nicht in die Hände spielen.

Die Genossen Otto Buchwitz, Anton Ackermann, Willi Bredel und einige andere kritisierten in scharfen Worten die passive Haltung des Politbüros. So dürfe man nicht mit der Parteimitgliedschaft umspringen. Das Zentralkomitee sah sich gezwungen, in seiner Erklärung zuzugeben: »Wenn Massen von Arbeitern die Partei nicht verstehen, ist die Partei schuld, nicht der Arbeiter.«

Von dazu notwendigen Schlußfolgerungen und konkreten Taten war das Politbüro noch weit entfernt. In Auswertung der Tagung des Zentralkomitees wurde im »Neuen Deutschland« vom 19. Juli 1953 zu »doppelter

Wachsamkeit« ermahnt und eine Diskussion über Fehler als ein Zurückweichen angeprangert, das dem Feind das Feld räume.

Mit der erwähnten Erklärung der 14. Tagung des Zentralkomitees war der Neue Kurs nur unvollkommen und halbherzig erläutert worden.

Die nächste Tagung des Zentralkomitees sollte Klarheit bringen. So wurde die Arbeit der bereits erwähnten Kommission des Politbüros forciert. Über deren Beratungen wurde Stillschweigen bewahrt. Es wurde mir soviel bekannt, daß bei der Ausarbeitung der programmatischen Dokumente Heinrich Rau federführend für den wirtschaftlichen Teil und Rudolf Herrnstadt für den politischen und parteiorganisatorischen Teil seien. Wenn ich auch keine Einzelheiten kenne, was auf den beiden Sitzungen dieser Kommission beraten und festgelegt wurde, ist es meine feste Überzeugung, daß Herrnstadt in seinen Vorschlägen von bestimmter Seite der Führung der KPdSU beeinflußt war. Der KGB-Apparat in der DDR muß damit gerechnet haben, daß Berija an die Macht kam. Die von Herrnstadt ausgearbeitete Konzeption bezüglich der »Erneuerung« der Partei sah vor, daß die Partei des Volkes, wie er sie sich vorstellte, auch von den 12 Punkten Stalins für eine bolschewistische Partei ausgeht. Worin hätte dann die Erneuerung bestanden? Daß Herrnstadt deren Erster Sekretär wäre? Aus dieser Sicht sind auch die eindeutig gegen Walter Ulbricht gerichteten Vorschläge Herrnstadts in den Ausarbeitungen zur Vorbereitung des 15. Plenums zu verstehen. Inwieweit die Berija-Organisation in der DDR die Projekte Herrnstadts beeinflußt hat, wird sich nur nach Öffnung der KGB-Archive in Moskau beweisen lassen. Berijas Projekt über die »Deutschlandfrage« – das ich, wie die

Entwicklung zeigte, von vornherein richtig eingeschätzt hatte – hat mit Sicherheit bei Herrnstadt Initiativen ausgelöst. Dabei nicht von Semjonow unterstützt worden zu sein, nahm er ihm übel bis zu dessen Verleumdung.

Wilhelm Zaisser hatte als Minister für Staatssicherheit auf seiner Linie zweifellos Verbindung zum sowjetischen KGB-Apparat. Seine ablehnende kritische Haltung gegenüber Walter Ulbricht war bekannt. Ob und inwieweit er und das Ministerium für Staatssicherheit vor und in den Tagen des 17. Juni 1953 aktiv waren, kann ich nicht beurteilen.

Nachdem am 10. Juli 1953 offiziell von der KPdSU bekanntgegeben wurde, Berija sei wegen »partei- und staatsfeindlicher Tätigkeit« aller Funktionen und Ämter enthoben worden und unter Anklage gestellt, war natürlich auch das politische Schicksal von Herrnstadt und Zaisser bestimmt. Sie wurden auf der 15. Tagung des ZK der SED vom 24. bis 26. Juli 1953, das über den Neuen Kurs und die Aufgaben der Partei beriet, wegen ihres Auftretens als parteifeindliche Fraktion mit einer defätistischen, gegen die Einheit der Partei gerichteten Linie aus dem ZK der SED ausgeschlossen.

Beiden begegnete ich Mitte Januar 1954 noch einmal. Die Zentrale Parteikontrollkommission war Ende 1953, nach Aussprache mit beiden Genossen über die von ihnen eingereichten Stellungnahmen zu den gegen sie erhobenen Vorwürfen, zu dem Beschluß gekommen, sie wegen ihres Verhaltens vor und nach dem 17. Juni 1953 aus der Partei ausschließen zu müssen. Diese Entscheidung wurde ihnen Mitte Januar 1954 getrennt auf einer Abschlußbesprechung, an der unter Leitung von Hermann Matern, Walter Ulbricht, Heiner Rau und ich teilnahmen, bekanntgegeben.

Vor Beginn versuchte ich noch, Walter Ulbricht umzustimmen und von einem Parteiausschluß abzusehen. Für Wilhelm Zaisser setzte ich mich ein, weil er ein verdienter Revolutionär für die Sache des Sozialismus sei, als General Gomez im spanischen Bürgerkrieg sein Leben eingesetzt habe. Für Herrnstadt bat ich um Verständnis, weil er im Auftrage des Politbüros Vorschläge für die 15. Tagung des ZK zu erarbeiten und dabei vom Recht freier Meinungsäußerung Gebrauch gemacht habe. Außerdem war eine kritische Wertung der Tätigkeit des Politbüros vor dem 17. Juni entsprechend der Lage erwartet worden. Walter Ulbricht antwortete mir nur, daß die vorliegende Entscheidung von Moskau getragen und nichts mehr zu ändern sei. Außerdem wäre Berija am 23. Dezember nach dem Urteil eines Sondertribunals in Moskau hingerichtet worden.

Beiden wurde ihr Parteiausschluß bekanntgegeben. Wilhelm Zaisser war nach der Mitteilung zutiefst erschüttert und brach nahezu zusammen. Nach jahrzehntelangem Kampf für die Sache der Arbeiterklasse fand seine politische Arbeit ein jähes tragisches Ende. Rudolf Herrnstadt war nach Kenntnisnahme seines Ausschlusses aus der Partei erschrocken. Er tat aber sehr beherrscht und ließ sich seine innere Erregung nicht anmerken. Mich überraschte seine Haltung nicht, da ich ihn etwas näher kannte. Ich hatte ihn 1946 während meines Kuraufenthaltes in einem Lungensanatorium in Sülzhayn im Südharz kennengelernt. Er war wie ich Patient. Wir hatten bald miteinander Kontakt und nutzten viele Spaziergänge zu ausgiebiger Diskussion. Er offenbarte sich mir als früherer Kundschafter, der mit beachtlichem Erfolg für die Sowjetunion tätig gewesen war. Er gehöre zu den Glücklichen, die in der Stalin-Berija-Zeit nicht wie viele seiner russischen Freunde liquidiert worden waren. Durch offene politische Arbeit habe er sein weiteres Leben legalisiert und wurde Redakteur in der Redaktion der Zeitung des Nationalkomitees »Freies Deutschland«. Mir gegenüber vertrat er eine sehr optimistische Ansicht über die internationale Lage und den Vormarsch des Sozialismus in der ganzen Welt. Ich war für alles empfänglich, was meinem Bedürfnis an Informationen entgegenkam. Umgekehrt war er interessiert, etwas über mein Leben in den zwölf Jahren der Untergrundtätigkeit, unter den Bedingungen im Zuchthaus und in den Konzentrationslagern Sachsenhausen und Flossenbürg zu erfahren.

Unser Verhältnis zueinander war nahezu freundschaftlich. Er wirkte einsam und hatte eine gewisse Scheu gegenüber anderen Patienten, die aus dem antifaschistischen Widerstand kamen.

Eines Tages, nachdem er größeres Vertrauen zu mir gewonnen hatte, machte er mir den Vorschlag, als Resident – wahrscheinlich für den Berija-Apparat – im Ausland tätig zu werden. Ich lehnte ab. Meine politische Vergangenheit ließ einen solchen Gedanken überhaupt nicht zu. Ich hatte von Jugend an Parteiarbeit geleistet und war als Funktionär in der Arbeiterbewegung bekannt, während er als Redakteur im Rudolf Mosse Verlag Berlin mit Leichtigkeit in die Kundschafterarbeit habe hinüberwechseln können. Er war verstimmt über meine Ablehnung, und zum ersten Mal spürte ich eine gewisse Bösartigkeit in seinem Charakter.

Etwas später sprach er über seine Zukunft, er strebe nach einer führenden politischen Funktion in der Partei. Ihm schwebe vor, zumindest ein Landessekretär zu sein. Ich warnte ihn vor einem solchen Vorhaben. Er habe keine Erfahrung in der Arbeiterbewegung sammeln können. Sein Intellekt allein würde nicht ausreichen, ein Führer der Arbeiterbewegung zu sein. Vielleicht wäre er doch erfolgreicher, wenn er seine Fähigkeit als Journalist für die Partei einbringen würde. Auch dieser Rat verstimmte ihn vorübergehend.

1947 verließ ich Sülzhayn halbwegs gesund. Wir verabschiedeten uns in Freundschaft. Herrnstadt war, wie man unter Lungenkranken sagte, »mit den Motten verheiratet«. Ich versprach ihm, in Berlin mit den Genossen zu sprechen, wie man ihm helfen könne. Ich ging auch zu Professor Sauerbruch, damals verantwortlich für das Gesundheitswesen im Berliner Magistrat, und bat, Rudolf Herrnstadt zu untersuchen. Das geschah. Herrnstadts einzige Rettung war eine Rippenresektion. Während seines Krankenhausaufenthaltes und danach sorgte ich mich um ihn. Ich informierte Ulbricht und bat ihn, bei der SMAD zusätzliche Lebensmittel, die Herrnstadt zur Stärkung unbedingt benötigte, zu besorgen. Seiner Frau Valentina halfen wir in verschiedener Hinsicht. Als Russin fühlte sie sich wie in einer feindseligen Umgebung. 1947 war sie auch Gast auf unserer Hochzeit.

Ich hatte noch zu Herrnstadt Kontakt, als er in der »Berliner Zeitung« arbeitete und auch für die »Tägliche Rundschau« schrieb. Unter anderem diskutierten wir seinen Artikel »Über die Russen und über uns« für die »Tägliche Rundschau«. Nachdem Herrnstadt auf dem III. Parteitag 1950 Kandidat des Politbüros wurde, brach er seine Verbindung zu uns ab. Er sagte mir noch: »Siehst du, nun bin ich doch ein politischer Führer geworden.« Seine Frau ging ebenfalls auf Distanz zu uns. Das entsprach genau seinem überheblichen Charakter. Je höher die Funktion, desto größer die Distanz »nach unten«.

Während meiner weiteren Tätigkeit in der Zentrale, dann auf der Landes- oder Bezirksebene, auch als Abteilungsleiter im Apparat des Zentralkomitees hatte ich keine Arbeitskontakte mit Herrnstadt. Sehr erstaunte mich daher seine Meinung über mich, die er nach seiner eigenen Darstellung in der zur Vorbereitung der 15. Tagung gebildeten Kommission des Politbüros gegenüber Otto Grotewohl bei der Beratung von Vorschlägen zur Wahl in das Politbüro vertreten habe: Karl Schirdewan sei ein gefährlicher Intrigant und Karrierist... sei in einigen Fällen (Sinnecker, Büttner) mit Skrupellosigkeit über Genossen hinweggeschritten... Er lehne strikt meine Nominierung zum Mitglied des Politbüros ab. (Herrnstadt-Dokument, Seite 112 und 116)

In den zwölf Jahren, die ich während des Faschismus eingekerkert war, hatte ich Verbindung zu vielen Kameraden. Wir haben zueinander gestanden, es gab keine Intrigen und keinen Karrierismus. In Sülzhayn und in der Zeit meiner Tätigkeit im Parteiapparat habe ich von niemandem solche infamen persönlichen Vorwürfe gehört. Anneliese Sinnecker habe ich gefragt, ob diese Bemerkung von Herrnstadt zutrifft. Sie erklärte mir, daß sie ihn überhaupt nicht persönlich kenne. Die Verbindung zur Familie Sinnecker war in der Moabiter Untersuchungshaft durch meinen Zellengenossen Helmut Bock zustande gekommen. Er hatte in einer sozialdemokratischen Widerstandsgruppe gearbeitet und stand mit dieser sozialdemokratischen Familie im Briefwechsel. Da ich dringend eine Verbindung nach draußen brauchte, vermittelte Helmut Bock, daß mich Anneliese Sinnecker getarnt als meine »Cousine« in der Untersuchungshaft in Moabit aufsuchte. Im Sprechraum von Moabit befand ich mich mit einem anderen Häftling, der auch Besuch erwartete. Anneliese Sinnecker kam unter Aufsicht ins Zimmer. Wir kannten uns beide nicht. War sie die Richtige, war ich der Richtige? Eine spannungsreiche und gefährliche Sekunde. Sie kam auf mich zu, und es stimmte, ich war der »Cousin«, zu dem sie wollte. Später »besuchte« mich Anneliese Sinnecker mit ihrem Mann im Zuchthaus Coswig. Bis heute sind wir mit der Familie Sinnecker freundschaftlich verbunden.

Woher also dieser Haß? Warum verleumdete mich Herrnstadt? Fürchtete er mein politisches Wirken in der Parteiführung? Hätte ich seinen ehrgeizigen politischen Plänen in einem von ihm geführten Politbüro im Wege gestanden?

Auf seiner 15. Tagung am 26. Juli 1953 hatte das Zentralkomitee auch beschlossen, Gerhard Ziller und mich als Mitglieder des Zentralkomitees zu kooptieren.

In das Politbüro des ZK der SED wurden die Genossen Ebert, Grotewohl, Matern, Oelßner, Pieck, Rau, Schirdewan, Stoph und Ulbricht gewählt. Walter Ulbricht wurde einstimmig zum Ersten Sekretär des ZK gewählt.

Aus Gründen der Verbesserung der Arbeit der leitenden Organe des ZK wurde das Sekretariat des ZK in seiner bisherigen Form aufgehoben.

Meine Wahl in das Politbüro kam für mich völlig überraschend. Niemand hatte mir gegenüber auch nur eine Andeutung gemacht.

Semjonow gratulierte mir zu meiner Wahl zum Mitglied des Politbüros. Ich sagte ihm: »Sie wissen, daß ich eine schwere Verantwortung übernehme, und ich bin nicht bereit, mit meiner Meinung zurückzuhalten.« Semjonow erwiderte: »Ich bin davon überzeugt, Sie werden es schon schaffen.«

Selbstverständlich mußte ich erst in den Arbeitsstil des Politbüros hineinwachsen. Man darf ja nicht außer acht lassen, daß die anderen »alte Hasen« waren, die seit langem in diesem wichtigsten Gremium zwischen den Zentralkomiteesitzungen tätig waren. Für mich hatte der Neue Kurs, der auf der 15. Tagung des ZK beschlossen wurde, eine prinzipielle Bedeutung und war kein taktisches Manöver. Ebenso lehnte ich die Losung: »Keine Fehlerdiskussion« ab. In meiner Erinnerung blieb immer die Erklärung der KPD vom 11. Juni 1945 lebendig: »... daß der Weg, Deutschland das Sowjetsystem aufzuzwingen, falsch wäre, denn dieser Weg entspricht nicht den gegenwärtigen Entwicklungsbedingungen in Deutschland. Wir sind vielmehr der Auffassung, daß die entscheidenden Interessen des deutschen Volkes in der gegenwärtigen Lage für Deutschland einen anderen Weg vorschreiben, und zwar den Weg der Aufrichtung eines antifaschistischen, demokratischen Regimes, einer parlamentarisch-demokratischen Republik mit allen demokratischen Rechten und Freiheiten für das Volk...«

Ich war der Ansicht, daß wir mit dem Neuen Kurs auf die Ausgangspunkte von 1945 unter neuen Bedingungen schrittweise zurückkommen könnten.

Eine meiner ersten Aufgaben war die Mitwirkung zur Vorbereitung des IV. Parteitages der SED. Es mußten die Vorschläge zur Kandidatur für das neue Zentralkomitee, das auf dem IV. Parteitag gewählt werden sollte, vorbesprochen werden. Ich sollte die Liste mit den Vorschlägen, die aus den Bezirksparteiorganisationen, aus den Grundorganisationen großer Betriebe usw. kamen, zusammenstellen. Die Vorschläge wurden dann in einer Kommission beraten, der Ulbricht, Grotewohl, Schirdewan, Matern und Mielke angehörten. Weil das dem Sicherheitsbedürfnis von Walter Ulbricht entsprach, tagte diese Kommission in seiner Wohnung. Zu allen Vorschlägen lagen Stellungnahmen der Parteiorganisationen der Betriebe, im Bezirk oder im Staatsapparat vor. Zu manchen Kandidaten gab es Rückfragen. Zu anderen Vorbehalte. Am Schluß der Beratung sagte Ulbricht, Semjonow habe zu bedenken gegeben, ob es richtig wäre, Honecker noch einmal ins Zentralkomitee aufzunehmen. Die Führung der KPdSU hätte einige Unterlagen über Umstände seiner Verhaftung und die anschließende Gestapounterschung. Außerdem lagen ein Brief an den Staatsanwalt sowie Informationen über seine Rückkehr ins Zuchthaus nach Brandenburg vor. Die ganze Angelegenheit sei nicht völlig geklärt. Hermann Matern wurde beauftragt, mit Honecker zu sprechen und die Sache zu untersuchen.

Der zweite Vorschlag Semjonows war, auch Hanna Wolf nicht mehr in das Zentralkomitee aufzunehmen. Nähere Gründe nannte Ulbricht nicht. Hanna Wolf war ja lange Jahre in sowjetischer Emigration gewesen. Sie galt dort als Ultra-Linke im wahrsten Sinne des Wortes, dogmatisch und diktatorisch. Daß sie als Leiterin der Parteihochschule der SED willkürliche Entscheidungen in Lehr- und Kaderfragen traf, war bekannt. Aber sie fand stets die Unterstützung durch Walter Ulbricht, erzog sie doch die Parteihochschüler zur bedingungslosen Gefolgschaft für die von Ulbricht gesteuerte Generallinie der Partei. Letztendlich entschieden sich Walter Ulbricht und Hermann Matern dafür, beide zur Wahl in das Zentralkomitee vorzuschlagen.

Eine weitere Aufgabe war, in Vorbereitung des IV. Parteitages am Entwurf eines neuen Parteistatuts mitzuarbeiten und auf dem IV. Parteitag den Entwurf des neuen Statuts der Partei zu begründen. Ich setzte mich dafür ein, daß im Sinne der Demokratisierung der Partei die Erläuterung der Partei neuen Typus durch das Prinzip der Kollektivität in der Partei ergänzt wird. Für die damalige Situation war das sehr wichtig, weil dadurch die Rechte des einzelnen, die Freiheit der Diskussion von der Grundorganisation bis hinauf zum Zentralkomitee gesichert werden sollte. Ich hoffte, daß damit das diktatorische, undemokratische Verhalten in den Führungsgremien eingedämmt werden könne. Der Abteilung Leitende Organe und mir als deren Leiter wurde in der Zeit der kritischen Auseinandersetzung vorgeworfen, überall dieses Prinzip propagiert, eine kritische Haltung gegen deren Verletzung eingenommen und damit den demokratischen Zentralismus gefährdet zu haben.

Auf dem Abschiedsempfang für die ausländischen Gäste anläßlich des IV. Parteitages der SED im Jahre 1954, kam Ulbricht zu mir und sagte: »Du sollst dich morgen früh um zehn Uhr in der sowjetischen Botschaft melden.« Als ich wissen wollte, warum, antwortete er lakonisch: »Das wirst du dann schon erfahren.«

In der Botschaft traf ich Mikojan beim Frühstück an. Er lud mich ein, Platz zu nehmen. Wir unterhielten uns mittels Dolmetscher zunächst allgemein, aber bald kam er auf den Sinn unseres Zusammentreffens: »Ich bitte Sie, mit mir eine dreitägige Reise zu unternehmen. Genosse Semjonow wird uns begleiten und dolmetschen. Zuerst werden wir in Berlin Läden besichtigen, anschließend Marschall Gretschko in Wünsdorf besuchen und dann zur Wismut fahren.« Darauf war ich absolut nicht vorbereitet. Während unseres weiteren Gesprächs holte der Fahrer aus meiner Wohnung die notwendigen Reiseutensilien. Dann begann die Reise zunächst quer durch Berlin.

Bei unseren Besuchen von Kaufhäusern, Fleischer- und Bäckerläden interessierte sich Mikojan besonders für die Verkaufskultur in den Geschäften. Er stellte den Unterschied zwischen dem Warenangebot in der HO, im Konsum und in privaten Läden fest. Insgesamt sprach er sich sehr lobend aus und fand manches Nachahmenswerte.

Beim Besuch Marschall Gretschkos – er lud uns zum Mittagessen ein – beeindruckte mich vor allem das vertraute Verhältnis, das zwischen Mikojan und Gretschko bestand. Sie sprachen beide als gleichberechtigte Partner miteinander. Der Marschall wurde offensichtlich von Mikojan als eine wichtige Persönlichkeit akzeptiert. Gretschkos Auftreten war selbstbewußt, aber voller Aufmerksamkeit gegenüber Mikojan. Er war ein aufmerksamer Gastgeber.

Nach diesem Besuch fuhren wir nach Karl-Marx-Stadt weiter. Es war spät, als wir dort eintrafen, und Genosse Mikojan lud mich zum Abendessen ein. Während des Essens kam das Gespräch auf eine Reihe von Fragen. Für mich wurde dabei deutlich, daß in der Führungsspitze der UdSSR sehr intensiv verschiedene Probleme diskutiert wurden, die seit Stalins Tod mit einer Änderung der bisherigen Politik verbunden waren. Das war – ich möchte es betonen – im Jahre 1954.

Auf der Fahrt ins Quartier stellte Mikojan eine mich sehr überraschende Frage: »Genosse Schirdewan, warum verlegen Sie in der DDR nicht Kautsky?« Ich war ein wenig verblüfft, und ich antwortete, daß die SED 1946/47 Bildungshefte herausgegeben habe. Deren Redakteure waren damals Bruno Baum und Wolfgang Leonhard. Und in diesen Bildungsheften seien auch einige wissenschaftliche Abhandlungen Kautskys abgedruckt worden. Dann sei aber keine Arbeit mehr von ihm veröffentlicht worden. Mikojan meinte daraufhin, daß über die Debatte zwischen Lenin und Kautsky neu nachgedacht werden müsse. Lenin ging davon aus, daß das schwächste Glied in der Kette des Kapitalismus zerbrochen werden müsse und in dieser historischen Situation der Aufstand zu wagen ist, die revolutionäre Phase der Umwälzung der Gesellschaft begonnen werden kann. Kautsky nimmt demgegenüber die Position ein, daß nur in einem hochindustrialisierten Lande eine erfolgreiche Entwicklung des Sozialismus möglich ist, wenn vorher eine Mehrheit der Bevölkerung für einen Übergang zum Sozialismus sei.

Wem gibt die Geschichte nun recht? Mit dieser Fragestellung wollte Mikojan zweifellos auch auf die Probleme der Entwicklung in der DDR 1952/1953 hinweisen, vor einem weiteren überstürzten Aufbau des Sozialismus in der DDR warnen und auch auf die Gefahr einer Entfremdung gegenüber dem anderen Teil Deutschlands aufmerksam machen. Ich verstand Mikojan sehr wohl, denn meine Überlegungen gingen ja seit der 2. Parteikonferenz in die gleiche Richtung.

Wie zur Einheit Deutschlands?

Im Juli 1955 war es auf Initiative Chruschtschows erstmals nach 1945 wieder zu einem Gipfeltreffen der Regierungschefs der UdSSR, der USA, Frankreichs und Großbritanniens gekommen. Die UdSSR hatte u. a. Vorschläge für eine kollektive Sicherheit in Europa und damit für die Beendigung des Kalten Krieges gemacht. Hinsichtlich der Deutschland betreffenden Fragen solle man von der Existenz zweier voneinander unabhängiger Staaten ausgehen.

Bekanntlich lehnten die Westmächte die Vorschläge der UdSSR ab. Alle Verhandlungsthemen wurden einer künftigen Außenministerkonferenz übertragen.

Auf ihrer Rückreise von der Genfer Gipfelkonferenz machte die sowjetische Regierungsdelegation in der DDR-Hauptstadt Zwischenstation. Im Verlaufe ihres dreitägigen Besuches fand in Berlin am 26. Juli 1955 eine Massenkundgebung statt, auf der Chruschtschow und Grotewohl das Wort ergriffen. Zum ersten Mal wurde auf die negative Haltung der Westmächte geantwortet. Chruschtschow erklärte, daß es zwei deutsche Staaten gäbe, die BRD und die DDR. Wenn sie wollen, sollen sie miteinander verhandeln als zwei souveräne Staaten. Die Sowjetunion werde niemals die DDR und ihre Errungenschaften preisgeben. Die sowjetische Delegation besuchte auch die Buna-Werke. Unterwegs gab es viele Unterbrechungen, weil an Autobahnen und Straßen Bürger der DDR mit Blumensträußen die sowjetische Delegation begrüßten. Eine unübersehbare Menschenmenge aus Buna, Leuna und den anderen Großbetrieben wartete geduldig auf unsere Ankunft. Sie begrüßten die Gäste, und wie ich denke, mit gewisser Herzlichkeit und auch Neugierde auf Chruschtschow. Unter den Wissenschaftlern, die Chruschtschow vorgestellt wurden, befand sich auch Professor von Ardenne. Chruschtschow wußte offensichtlich von dessen Forschungstätigkeit in der Sowjetunion und sagte zu ihm im Verlaufe des Gespräches: »Wir beide haben Glück gehabt.« Ardenne tat sehr erstaunt und fragte mich danach, was er denn damit gemeint habe. Ich sagte: »Daß Sie und Chruschtschow noch leben.« Wieso? Weil Stalin und Berija zweifellos die Absicht hatten, die deutschen Wissenschaftler als Geheimnisträger zu liquidieren, damit es keinen Weg zurück nach Deutschland gäbe.

Für die DDR war dieser Besuch durch die sowjetischen Staatsmänner von großer internationaler Bedeutung. Vor Abschluß des Besuches bat Chruschtschow um eine interne Unterredung. Wir trafen uns in der Wohnung von Otto Grotewohl, und zwar Chruschtschow, Bulganin, Puschkin, Grotewohl, Schirdewan, Matern und Oelßner. Chruschtschow sprach über eventuelle Konsequenzen, die sich aus dem Ergebnis der Konferenz für die DDR ergeben könnten und philosophierte: Man müsse erwägen, in welcher Weise wir uns gegenüber der Kalten-Krieger-Politik der Amerikaner stärker abschirmen. Er sagte ganz deutlich, daß er sich Sorgen mache um die auf- und absteigende Massenflucht von DDR-Bürgern nach dem Westen hin. Er wandte sich mir zu und sagte: »Nicht wahr, Genosse Schirdewan, es gibt eine ganze Reihe von Parteimitgliedern, ja sogar von Parteifunktionären, die sich nach dem Westen in Marsch setzen. Das zeugt doch von einer äußersten Labilität. Wir müssen uns Gedanken machen, wie dem zu begegnen ist.« Ich pflichtete ihm bei. Matern hörte erstaunt und mürrisch zu, sagte aber kein Wort. Grotewohl stellte vorsichtig die Frage, ob das eine zunehmende Isolierung gegenüber der BRD bedeuten könnte. Er machte sich Sorgen um seine Vorstellungen über eine Politik des Offenhaltens der Grenzen. Chruschtschow wich dieser Frage aus und ließ alle Gedanken im Raum stehen. Er ging eigentlich nicht soweit, eine Grenzschließung in Erwägung zu ziehen. Praktisch forderte er von uns eine politische Meisterung dieses Problems. Offensichtlich erinnerte er sich an 1953 und wollte eine internationale Krise vermeiden. Daher blieben die sowjetischen und auch die Westmächte bei einer Politik der Verhandlungen. Verhandlung bedeutet immer Zeitgewinn, bedeutet ökonomisches Wachstum und Steigerung der Verteidigungsfähigkeit.

Wie im Juli 1955 von den Regierungschefs vereinbart, trafen sich die Außenminister ihrer Regierungen im Oktober 1955 in Genf, um über einen möglichen Kompromiß zur Durchführung gesamtdeutscher Wahlen zu beraten. Die unterschiedlichen politischen Standpunkte der Sowjetunion und der drei Westmächte konnten aber nicht überbrückt werden, so daß diese Konferenz ebenfalls ergebnislos endete.

Auf der Rückreise machte auch diese sowjetische Delegation in Berlin Station. Sie stand unter Leitung des damaligen sowjetischen Außenministers Molotow. Ich erinnere mich an ein nicht unwichtiges Gespräch mit ihm. Er fragte mich nämlich, wie ich persönlich die Möglichkeiten für gesamtdeutsche Wahlen beurteile. Ich spürte dabei, daß er sehr stark an einer positiven Antwort interessiert war. Aber trotzdem akzeptierte er meinen Standpunkt, als ich ihm offen erklärte: »Davon kann auf absehbare Zeit keine Rede sein.«

Es ergab sich folgender Dialog:

M.   In zwei Jahren vielleicht?

Sch.   Auch dann noch nicht. Die Voraussetzung dafür ist, zunächst in der SED eine innerparteiliche Demokratie zu schaffen, sich von herausgebildeten Dogmen zu trennen, die geistige Auseinandersetzung über gesellschaftliche Entwicklungsprobleme fördern, vor allem die führende Rolle der Partei in diesem Prozeß zu demokratisieren.

M.   Geht so etwas nicht durch entsprechende Beschlüsse?

Sch.   Eine Partei besteht aus selbständig denkenden Menschen. Ihr Denken ist nicht durch Beschlüsse formell zu lenken. Aber es geht ja nicht nur um die Partei selbst. Es geht auch um ihre Bündnispolitik. Man muß den anderen politischen Parteien das Recht geben, im Parlament ihre Meinung zu äußern, Vorschläge zu machen, in der Regierung mitzuwirken. Im demokratischen Block gibt es doch viele Leute, die ehrlich für den Weg des Sozialismus sind. Die Partei darf nicht sektiererisch Initiativen demokratischer Mitgestaltung ablehnen oder gar unterdrücken. Wir müssen eine wahrhaft demokratische Republik mit geistigen Freiheiten werden, das Vertrauen aller Bürger in die Zukunft gewinnen.

M.   Und dann gesamtdeutsche Wahlen?

Sch.   Dann ja, zuvor ist es aber notwendig, daß die Werktätigen im anderen Teil Deutschlands den Bruch des Potsdamer Abkommens verurteilen und die Richtigkeit und die Erfolge des in unserem Teil Deutschlands begonnenen Weges erkennen und anerkennen. Und dazu darf man sich nicht von ihnen abschotten.

Ob Molotow meinen Gedanken insgesamt zustimmte, konnte ich von ihm nicht erfahren. Für mich selber waren sie eine erste Zusammenfassung bis dahin gesammelter kritischer Erkenntnisse. Es war ein Ansatz meines späteren politischen Credos.

Nachdem im September 1955 in Moskau der »Vertrag über die Beziehungen zwischen der DDR und der UdSSR«, der die völlige Souveränität der DDR garantierte, unterzeichnet worden war, machte Ulbricht auf der 25. ZK-Tagung im Oktober 1955 die Feststellung: Es sei international eine neue, qualitativ veränderte Situation eingetreten. Dies habe erhebliche Rückwirkungen auf das Verhältnis beider deutscher Staaten zueinander. Die Frage der Wiederherstellung der deutschen Einheit sei vorerst von der politischen Tagesordnung abgesetzt. DDR und BRD würden sich – eingebettet in ihre jeweiligen Bündnissysteme – unabhängig voneinander entwickeln. Die DDR – so Ulbricht weiter – müsse noch intensiver in das sozialistische Weltsystem integriert werden.

Die Restauration der reaktionären und konservativen Kräfte in Westdeutschland war unübersehbar. Der Bruch der Beschlüsse des Potsdamer Abkommens, das von einem einheitlichen Deutschland ausging, war für die Führung der UdSSR eine seitens der Westmächte absichtsvolle, gegen die grundlegenden Interessen der UdSSR gerichtete Politik. Die Entwicklung der deutschen Zweistaatlichkeit war daher ein unumgängliches, ein notwendiges Geschehen. Man darf nie das Umfeld des Kalten

Krieges außer Betracht lassen. Er bedeutete zunehmende Spaltung, schweren wirtschaftlichen Schaden, politische Aggressivität. In diesem Umfeld sah sich Ulbricht in seiner harten und dogmatischen Haltung auch immer wieder bestätigt. Die Machtfrage war darum für ihn das Allerwichtigste.

Für mich besaß die eigenständige sozialistische Entwicklung der DDR Priorität. Da ich in den ersten Jahren die Westarbeit gemacht hatte, kannte ich die politische und wirtschaftliche Situation in Westdeutschland und hatte natürlich meine eigenen Vorstellungen. Ich wußte um die Aussichtslosigkeit, in dieser Situation kurzfristig zur Einheit zu kommen, in dieser Situation der Verhärtung der Ost-West-Auseinandersetzung.

Als Sozialist ging es mir in erster Linie darum, die Chance für den Aufbau einer neuen Gesellschaftsordnung zu nutzen. Und die Frage der Wiedervereinigung Deutschlands sollte von der Basis einer für die Menschen wirklich attraktiven Gesellschaft parallel vorangetrieben werden. Das ist meine Position gewesen und geblieben.

Der XX. Parteitag der KPdSU und der Kampf für Schlußfolgerungen in der SED

Das Zentralkomitee der KPdSU hatte uns eine Einladung zum XX. Parteitag übermittelt. Es wurde beschlossen, daß Otto Grotewohl, Walter Ulbricht, Karl Schirdewan und Alfred Neumann als Delegation nach Moskau reisen. Mit uns waren Delegationen aus fast allen Ländern der Erde Gäste des Parteitages, der am 14. Februar 1956 im Großen Saal des Kremls eröffnet wurde.

In seinem Referat entwickelte der 1. Sekretär des ZK der KPdSU Nikita S. Chruschtschow nach ausführlicher Einschätzung der internationalen Lage den Gedanken, daß die reale Möglichkeit der Verhinderung von Kriegen besteht und es nicht ausgeschlossen ist, mannigfaltige Formen des Übergangs zum Sozialismus auf einem relativ friedlichen Weg zu finden und dabei auch einen parlamentarischen Weg zu beschreiten.

Eine wichtige Frage war natürlich die Sicherung der Verteidigungsfähigkeit der sozialistischen Staaten. N. S. Chruschtschow legte dar, daß die Sowjetunion zum gegenwärtigen Zeitpunkt soweit gestärkt war, daß die Probleme der inneren Entwicklung einer sozialistischen Gesellschaft erfolgreicher gelöst werden konnten als bisher, selbst bei der großen wirtschaftlichen Belastung, die durch den Kalten Krieg bestand.

Für mich war bedeutsam, daß sich in diesen Darlegungen eine grundlegend neue Politik der KPdSU abzeichnete, die auch für die Politik der SED von großer Bedeutung sein konnte.

Ich bedauere es sehr, daß die vielen von N. S. Chruschtschow dargelegten wertvollen Gedanken über die vielschichtigen Probleme der Gestaltung einer sozialistischen Gesellschaft bei uns nicht diskutiert und unseren Bedingungen entsprechend umgesetzt wurden.

In der Nacht vom 25. zum 26. Februar 1956 wurde unsere Delegation überraschend geweckt. Es war gegen drei Uhr, schätze ich. Man teilte uns mit, daß ein Beauftragter des ZK der KPdSU über den Inhalt einer Rede informieren würde, die Nikita Chruschtschow in der Nacht vor den Delegierten des XX. Parteitages der KPdSU gehalten habe. Zu dieser Nachtsitzung waren die Gastdelegierten nicht eingeladen worden. Wir wurden gebeten, diese Rede anzuhören und Notizen zu machen. Unsere Delegation beschloß, daß ich das übernehme. Der sowjetische Genosse sprach einwandfrei deutsch und übersetzte diese Rede gut betont und langsam, so daß ich wörtlich mitschreiben konnte.

Unsere innere Spannung steigerte sich natürlicherweise bei den Passagen, die die Verbrechen des Personenkults um Stalin und Berija darstellten, insbesondere als von der Vernichtung Zehntausender Parteifunktionäre, leitender Offiziere der Sowjetarmee die Rede war und die Gewalttätigkeiten und Repressalien aufgelistet wurden, die gegen Hunderttausende, ja Millionen von Menschen im Laufe von Jahrzehnten durchgeführt worden waren, mit dem Ziel, die These vom Aufbau des Sozialismus in einem Lande mittels Gewalt in die Praxis umzusetzen. In den Gesichtern aller Genossen zeichnete sich tiefe Erschütterung ab. Ich selbst war ebenfalls sehr erregt, da ich dieses Ausmaß an furchtbaren Verbrechen nicht für möglich gehalten hatte.

Ich vermute, daß Walter Ulbricht und Alfred Neumann, die sich jahrelang in der Sowjetunion aufgehalten hatten, manches gewußt haben. Sie mußten doch bemerkt oder erfahren haben, daß im Hotel »Lux« Genossen, auch deutsche, vom NKWD nachts geholt und verhaftet worden waren und niemand irgendwelche Erklärungen gab, warum diese Genossen inhaftiert worden sind, viele von ihnen hingerichtet oder nach Sibirien verbannt wurden. Für mich war durchaus nachvollziehbar, warum die Überlebenden niemals darüber gesprochen haben. Sie mußten fürchten, den Verfolgungen durch Stalin nicht entgehen zu können. So verschlossen sie in ihrem Innersten das Wissen über diese schreckliche Entwicklung in der Sowjetunion. Sie wußten von der Vernichtung von Kominternmitgliedern, von der Inhaftierung und Verurteilung vieler deutscher Genossen, von deren Verbannung in Kerker oder Straflager, von Exekutionen. Für Otto Grotewohl und für mich war diese Aufklärung furchtbar, in dieser Komplexität und in diesen Details waren uns die Auswirkungen der persönlichen Willkür Stalins und der in seinem Namen verübten Verbrechen nicht bekannt.

Als wir nach der Information in den Morgenstunden auseinandergingen, fanden wir kein einziges Wort und keine Bemerkung zu diesen erschütternden Tatsachen, die wir soeben erfahren hatten. Jeder hing seinen Gedanken nach und dachte auch schon daran – jedenfalls galt das für mich –, welche Folgen diese Enthüllungen für die ganze kommunistische Weltbewegung, für die sozialistischen Staaten und für die Millionen von Sympathisierenden, für die Idee des Sozialismus in der ganzen Welt haben werden.

Bereits am Tag zuvor hatten wir in der Delegation festgelegt, daß ich in der Parteihochschule der KPdSU die deutschen Genossen über den Verlauf des Parteitages der KPdSU informieren und mit ihnen die wichtigsten Thesen und die Beschlüsse des Parteitages diskutieren sollte. Es stellte sich nun die Frage, ob ich einige Bemerkungen zu den Enthüllungen über den Personenkult um Stalin machen sollte. Mit diesem Begriff bezeichnete man zunächst alle Enthüllungen Chruschtschows. Ich fragte Ulbricht am Frühstückstisch, wie weit man informieren kann, um nicht der KPdSU vorzugreifen, die dieses Dokument noch nicht veröffentlicht hatte. Er schlug mir vor, das Notwendige darzulegen, und meinte: »Du kannst ja ruhig sagen, daß Stalin kein Klassiker ist.« Ich war zutiefst schockiert. Nach allen Erschütterungen, die man in dieser Nacht durchgemacht hatte, zeigte sich in diesem Satz die trockene kaltschnäuzige Art Ulbrichts. Er hatte sich seinen Standpunkt bereits zurechtgelegt. Ich war nicht seiner Meinung und sagte: »Walter, so geht das nicht. Wir haben doch von Anfang an die ›Geschichte der KPdSU‹ in unserer Partei als Pflichtlektüre eingeführt. Die Menschen, die mit dem Sozialismus sympathisierten, wurden immer wieder auf dieses von Stalin diktierte Buch hingewiesen, mit dem Argument, es sei der Schlüssel aller Weisheit, wir müßten uns dieses Buch bis zur letzten Zeile einprägen. Du warst doch selbst aufs höchste engagiert.« Mit diesen Überlegungen war für mich die Erkenntnis verknüpft, daß wir jetzt dafür die Quittung erhalten würden, weil wir die Auseinandersetzung mit der Geschichte der deutschen Arbeiterbewegung aufs äußerste vernachlässigt hatten. Darum meinte ich mit vollem Ernst: »Wir können unseren Parteimitgliedern nicht die Wahrheit über diese jetzt aufgedeckten Tatsachen vorenthalten. Und wenn wir nach Hause kommen und unsere älteren Genossen erfahren, was wirklich geschehen ist, dann wird es an der Zeit sein, daß wir selbst eine kritische Haltung zu unseren bisherigen ideologischen Auffassungen einnehmen. Wir haben diesen Personenkult mitgetragen, haben Stalin als den besten Marxisten-Leninisten unserer Zeit gepriesen, über seine diktatorische Politik Stillschweigen gewahrt, diese sogar gerechtfertigt. Die Parteimitglieder, die Bürger unseres Landes, vor allem die junge Generation, sie werden uns fragen: »Wie kam es dazu? Habt ihr das alles nicht gewußt?«

Um einer Information seitens der KPdSU nicht vorzugreifen, habe ich unsere Studenten an der Hochschule der KPdSU über die in der öffentlichen Tagung des Parteitages behandelten Themen informiert und nur am Rande mitgeteilt, daß Probleme zur Frage des Personenkults behandelt worden seien. Mikojan habe die Bemerkung gemacht, daß Stalins Tätigkeit in den letzten fünfzehn Jahren keineswegs mehr so verdienstvoll gewesen sei, wie es in der Öffentlichkeit dargestellt wurde.

Wenn Erich Honecker mir später in einem Interview vorwarf, ich hätte ihn damals nicht zusätzlich informiert, schließlich war er Kandidat des Politbüros, so kann ich nur feststellen, daß ich nicht verpflichtet war, ihm irgendwelche internen Mitteilungen zu machen. Seine Funktion hat während des Besuches des Lehrgangs an der Parteihochschule der KPdSU geruht.

Nach der Rückkehr der SED-Delegation nach Berlin entstand eine ganz merkwürdige und diffizile Situation. Die Rede Chruschtschows war noch nicht offiziell. Anhand meiner Niederschrift informierte ich im Politbüro und im Sekretariat. Es wurden zunächst keinerlei Beschlüsse gefaßt. Selbstverständlich gab es in der Partei Erschrecken und Fragen: Was ist Personenkult? Ist Stalinismus nur Personenkult? Gibt es darüber hinaus noch andere Probleme? Dringlich wurde gefragt: Welche Schlußfolgerungen sind aus dem XX. Parteitag der KPdSU für die weitere politische Arbeit der SED zu ziehen?

Zunächst wurde in der Partei relativ wenig aus den internationalen Medien über die Rede Chruschtschows bekannt. Insofern war eine sofortige Information der Parteiorganisationen über die Geheimrede Chruschtschows noch nicht für notwendig gehalten worden. Es lagen ja nur wenige Wochen zwischen dem XX. Parteitag der KPdSU im Februar und der für den 24. bis 30. März vorgesehenen 3. Parteikonferenz der SED, auf der Fragen der Ausarbeitung des Volkswirtschaftsplanes 1956 sowie gesamtdeutscher Probleme behandelt und eine politische Analyse des XX. Parteitages der KPdSU gegeben werden sollte.

Die Mehrheit im Politbüro bestand darauf, zunächst Informationen und Hinweise von der KPdSU abzuwarten, wie die Problematik des Personenkults im allgemeinen zu behandeln sei. Dazu wandte sich Walter Ulbricht mit einem Brief an N. S. Chruschtschow. Von einer Antwort ist mir nichts bekannt.

Eine Auswertung, die verbunden war mit eigenständigen Schlußfolgerungen für die SED, wurde hinausgezögert. Man verwies auf den 17. Juni 1953 und meinte: nur keine Fehlerdiskussion. Es wurde auch nicht für notwendig gehalten, der inzwischen begonnenen intensiven Auswertung der Rede Chruschtschows über die Verbrechen Stalins durch die Medien in Westdeutschland und im internationalen Maßstab Beachtung zu schenken.

Innerhalb der Partei stieß diese Haltung der Parteiführung, sich nicht offen und ehrlich mit den inzwischen auch breiteren Kreisen bekanntgewordenen Tatsachen auseinanderzusetzen, auf wachsenden Unmut. Nicht nur unter der Intelligenz, sondern ebenso unter den alten Genossen und der jüngeren Generation verstärkte sich die Forderung nach öffentlicher Meinungsäußerung der Parteiführung.

Im Politbüro gab es gegensätzliche Auffassungen über die Auswertung des XX. Parteitages der KPdSU. Auch darüber, wie der aufkommenden kritischen Haltung in der Partei, in den Massenorganisationen und besonders unter den Studenten zu begegnen sei. Ich habe im Politbüro ständig über mir bekanntgewordene Stimmungen und Meinungen in den Parteiorganisationen berichtet und darauf gedrungen, diese zu beachten.

Unter Hinweis auf die Ereignisse nach dem 17. Juni 1953 war die Mehrheit der Parteiführung dafür, die immer stärker werdenden Proteste zu unterdrücken, während meiner Ansicht nach eine breite Diskussion der in der Partei von den Werktätigen und insbesondere von den Studenten aufgeworfenen Fragen immer dringlicher wurde. Meine Vorschläge fanden aber immer wieder keine Mehrheit im Politbüro. Man hielt sie für versöhnlerisch, sie würden dem Feind Tür und Tor für sein ideologisches Einwirken öffnen.

Meine Grundlinie in dieser Debatte war: Wir dürfen den Bürgern der DDR nicht unsere Meinung diktieren und sie mit Drohungen einschüchtern. Wir müssen vielmehr sachlich mit den Menschen sprechen und dabei auch die Aktivitäten des Gegners ernst nehmen.

In meiner Auffassung, daß es notwendig sei, öffentlich ernsthafte Schlußfolgerungen für die SED aus den Erfahrungen der KPdSU zur Überwindung des Personenkults und dem damit verbundenen verbrecherischen Geschehen zu ziehen, wurde ich in einem Gespräch mit N. S. Chruschtschow bestärkt.

Wir trafen uns Ende März 1956 in Warschau anläßlich der Beisetzung von Bolesław Bierut. Dieser war in den Tagen des XX. Parteitages der KPdSU erkrankt und am 12. März 1956 in Moskau verstorben. Während des Abschiedsempfanges, zu dem die polnische Bruderpartei die zahlreichen in- und ausländischen Trauergäste eingeladen hatte, sprach mich N. S. Chruschtschow mittels eines Dolmetschers an. Im Verlaufe des Gespräches sagte er, daß er nicht verstehe, warum sich Walter Ulbricht durch seine starre Haltung hinsichtlich der Auswertung des XX. Parteitages so große Schwierigkeiten anhäufe. Er meinte, was die KPdSU beträfe, solle er der KPdSU selbst überlassen und sich doch endlich den vor der SED und der DDR stehenden Problemen zuwenden. Das war eine harte Kritik an der Haltung Walter Ulbrichts. Ich habe nicht mit ihm darüber gesprochen, weil ich das für sinnlos hielt. Ich hatte schon lange den Eindruck, er habe auf das Dokument »Rede Chruschtschow« den Vermerk »erledigt« geschrieben.

Es war für mich eine sehr schwierige Zeit. Ich mußte ständig meine Auffassung gegen althergebrachte Ansichten z. B. über eine ständige Verschärfung des Klassenkampfes verteidigen. So auf der 26. Tagung des ZK (22. März 1956) zur ersten Information und Auswertung des XX. Parteitages und dann im Zusammenhang mit der 3. Parteikonferenz, auf der die Stellungnahme der Parteiführung zu den Fehlern Stalins und dem Personenkult von den Delegierten mit großer Spannung erwartet wurde. Berechtigterweise wollten sie wissen, welche Konsequenzen daraus für die SED entstünden.

Es war vorgesehen, daß ich bereits am ersten Tage der Konferenz zur Diskussion sprechen sollte. Kurzfristig wurde jedoch mein Diskussionsbeitrag auf den zweiten Konferenztag verschoben. Damit sollte offensichtlich die Bedeutung meiner Ausführungen gemindert werden. Als ich an das Rednerpult trat, spürte ich die Erwartungshaltung der Delegierten. Ich verwies auf die Geheimrede Chruschtschows und darauf, daß wir die Position Stalins und die Beurteilung seiner Tätigkeit neu durchdenken und eigene Schlußfolgerungen zur Verurteilung des Personenkults ziehen müssen. Alle damit im Zusammenhang stehenden Fragen könnten wir aber nur klären, wenn die gesamte Partei in fester Einheit zusammenstehe. Ich forderte darum, zur Parteiführung und besonders hinter Wilhelm Pieck, Otto Grotewohl und Walter Ulbricht zu stehen und unsere ideologische Position neu zu durchdenken. Der kräftige Beifall der Delegierten zeigte, daß sich die Spannung gelöst hatte. Mir war klar, daß in diesem Stadium der Unsicherheit, in der sich die Mitglieder der Partei durch die zögernde Auswertung des XX. Parteitages der KPdSU befanden, zunächst einmal der Zusammenhalt gewahrt bleiben mußte. In einer solchen Situation der dogmatischen Auffassung von einer »monolithischen« Einheit der Partei öffentlich entgegenzutreten, wäre verfrüht gewesen.

Ulbricht sah sich gezwungen, mir in seiner trockenen Art beizupflichten. »Es war sehr gut, was du da gesagt hast, und ich danke dir auch.« Ich hatte ihn in der Tat ein wenig entlastet, indem ich mich zur bestehenden Parteiführung bekannt hatte. Ein anderer Weg wäre in der damaligen innen- und weltpolitischen Situation auch aus meiner Sicht nicht möglich gewesen. Einige behaupten im nachhinein, man hätte damals schon »losschießen« können. Das ist Unsinn, da verkennt man die damalige innere Situation der Partei. Die Partei mußte vor innerer Zerrissenheit bewahrt werden. Der Mehrheit der Parteimitglieder war noch nicht bewußt, daß der XX. Parteitag viele neue Denkansätze dafür gegeben hatte, auch in unserer eigenen Partei zu einer wirklichen innerparteilichen Demokratie zu finden. Um diese Erkenntnis zu fördern, sprach ich in meiner Diskussionsrede auch davon, daß der Personenkult zum Dogmatismus führt, die schöpferischen Leistungen von Funktionären und Parteimitgliedern herabwürdigt, ihre Verbundenheit mit den Werktätigen mindert.

Ich hatte auf der Parteikonferenz auch die Aufgabe, den Wortlaut der uns zur Verfügung gestellten Geheimrede vorzutragen. Walter Ulbricht wollte, daß ich den Text relativ schnell verlese, damit nicht alles mitgeschrieben werden könne und nicht alles publik würde. Er verlangte außerdem, einige Passagen zu übergehen. Ich konnte jedoch seiner Auffassung nicht folgen. Da mit ihm darüber nicht zu diskutieren war, nahm ich seine Meinung zur Kenntnis und las ganz normal vor. Viele, die Stenographie konnten, waren also in der Lage, alles mitzuschreiben, und sich zumindestens umfangreiche Notizen zu machen. Dadurch war es den Delegierten möglich, in ihren Parteiorganisationen ausführlich zu berichten. Ich war dafür, daß die Verurteilung der Ursachen und Folgen des Personenkults eine größere Verbreitung erfuhr. Nichts davon sollte unter den Teppich gekehrt werden können.

Eine wichtige Rolle bei der Auswertung des XX. Parteitages der KPdSU spielte die Frage der Rehabilitierung unschuldig Gemaßregelter. Beim ZK der SED wurde im April 1956 eine entsprechende Sonderkommission gebildet, der ich angehörte. Es ging darum, daß den deutschen Genossinnen und Genossen, denen in der Stalinära Unrecht geschehen war und die bereits in Moskau rehabilitiert worden waren, nun auch bei uns Gerechtigkeit zuteil wurde. Außerdem war die Rehabilitierung von SED-Mitgliedern notwendig, die von der SED selbst aus verschiedensten politischen Gründen gemaßregelt worden waren.

Da war z. B. der Fall der sozialdemokratischen Familie Steiner. Ich fragte Walter Ulbricht, was er von ihrem Schicksal wisse. »Du bist 1933 bei dieser Familie in Hermsdorf illegal untergekommen. Warum wurden sie bei uns verhaftet? Was ist mit ihnen geschehen?« Ulbricht tat empört, er wüßte nichts und machte Friedrich Ebert dafür verantwortlich. Ulbricht, der ja zusammen mit Mielke alle Fäden in der Hand hatte, zählte sich zu den Leuten, die frei von Schuld seien. Heute ist bekannt, daß Ulbricht die Höhe der Strafen in Prozessen selbst mitbestimmt hat.

Ich forderte eindringlich die Rehabilitierung u. a. von Kreikemeyer, Lex Ende, Paul Merker, Heinz Neumann, Kurt Müller und Fritz Sperling. Des weiteren verlangte ich, daß der Rehabilitierungskommission eine Liste aller Verhafteten bzw. schon Verurteilten, die bei der Staatssicherheit einsaßen, vorgelegt werde. Meine Frage an Mielke nach den Vorwürfen gegen Fritz Sperling beantwortete er verlegen: »Die Untersuchung läuft noch.« Ich war mit der zögernden und formalen Arbeit, was die Aufhebung begangenen Unrechts und ungerechter Strafverfolgung betraf, nicht einverstanden und stets bemüht, in die Tiefe der Problematik zu dringen sowie die bei einigen Kommissionsmitgliedern immer wieder aufkommende restriktive Grundhaltung zurückzuweisen. So setzte ich durch, daß die Zentrale Parteikontrollkommission und ihre nachgeordneten Stellen in den Bezirken und Kreisen den Auftrag erhielten, allen Anträgen auf Rehabilitierung sofort nachzukommen und die rehabilitierten Genossinnen und Genossen wieder in die Rechte eines Parteimitgliedes einzusetzen. Für die in der Sowjetunion rehabilitierten Genossen, die jetzt in die DDR zurückkehrten, erreichte ich eine Entschädigung von 5.000 bis 6.000 Mark, die Vermittlung einer Wohnung in freier Ortswahl sowie Förderung bei freier Berufswahl.

Auf der 28. Tagung des ZK (Juli 1956) sollte die Arbeit der SED nach dem XX. Parteitag der KPdSU und die bisherige Durchführung der Beschlüsse der 3. Parteikonferenz eingeschätzt werden. Die Vorbereitung dieser Tagung war schwierig. Sie wurde zweimal verschoben. Vom 20./22. Juni auf den 18./20. Juli und dann auf den 27./29. Juli 1956.

Vorgesehene Tagesordnung der 28. Tagung war:

Bericht des Politbüros: Walter Ulbricht

Referat Kurt Hager: Verbesserung der Propagandaarbeit

Referat Karl Schirdewan: Kaderarbeit

Referat Otto Grotewohl: Vorbereitung der Wahlen

Die Aussprache im Politbüro über den Bericht an das Zentralkomitee, der sich mit der Durchführung der Beschlüsse der 3. Parteikonferenz befaßte, war sehr kritisch. Auch verlangten die Posener Ereignisse in der VR Polen im Juni 1956 eine prinzipielle Einschätzung der politischen Lage.

Die neue Tagesordnung sah nunmehr als einzigen Tagesordnungspunkt den Bericht des Politbüros vor. Es sollte deutlich gemacht werden, inwieweit die SED in ihrer ideologischen, politischen, ökonomischen und kulturellen Arbeit im Sinne der neuen Lage und der Initiativen des XX. Parteitages der KPdSU wirksame Änderungen erreicht bzw. noch durchzuführen hat.

Dem Zentralkomitee lagen Berichte der Sekretäre für Agitation und Propaganda aus den 14 Bezirksleitungen vor.

Aus diesen zusammenfassenden Analysen ging klar hervor, daß der Beschluß der 3. Parteikonferenz im Leben der Partei noch nicht wirksam geworden war.

Walter Ulbricht mußte zugeben, daß noch viele Schwierigkeiten und Hemmnisse bestünden, besonders was die Überwindung administrativer Methoden, fehlender Kollektivität und des Dogmatismus im Meinungsstreit betrifft. Er konnte es aber nicht unterlassen zu bemerken, daß »die Frage des Personenkults keineswegs die Hauptfrage« des XX. Parteitages der KPdSU war.

In meinem Diskussionsbeitrag habe ich versucht, die Ursachen einiger Probleme zu verdeutlichen. So erinnerte ich an die Forderung des 15. Plenums, die enge Verbindung mit der Arbeiterklasse auch durch direkte Aussprachen des Zentralkomitees mit den Arbeitern zu sichern. Angesichts des bestehenden Widerstands einiger konservativ denkender Genossen an der Parteispitze, machte ich – wenn auch in etwas umschreibender Form – auf die Bedeutung der Leninschen Normen des Parteilebens, des notwendigen schöpferischen Meinungsstreites, des Verhältnisses zwischen Kommunisten und Sozialdemokraten, der Überwindung des bürokratischen Stils in der Parteiarbeit aufmerksam.

Ich schlug vor, daß das Politbüro neue Formen seines Auftretens in der Öffentlichkeit findet, zum Beispiel Zusammenkünfte mit Wissenschaftlern, mit Künstlern,

Schriftstellern u. a. Sie sollten frei über ihre Probleme reden können, spüren, daß sie Hilfe von der Partei der Arbeiterklasse erhalten... Wichtige westdeutsche Gruppen sollten vom Politbüro empfangen werden.

Walter Ulbricht mußte die auf dieser Tagung ausgesprochenen kritischen Wertungen, die Notwendigkeit einer Wende in der Politik der SED nach dem XX. Parteitag der KPdSU und die Forderung nach Schaffung einer Atmosphäre zur sachlichen Erörterung der anstehenden Fragen anerkennen. Unter dem Druck der historischen Tatsachen wurde Franz Dahlem rehabilitiert und die Parteistrafen gegen Elli Schmidt, Anton Ackermann und Hans Jendretzky aufgehoben und die strafrechtliche Verfolgung von Paul Merker als nicht gerechtfertigt verurteilt.

Um seine Führungsrolle zu bewahren, war Walter Ulbricht zweifellos gezwungen, dem Kommunique und dem Beschluß dieser 28. Tagung »Die nächsten ideologischen Aufgaben der Partei«, in dem u. a. energisch der Kampf gegen den Dogmatismus gefordert wird, zuzustimmen. Innerlich hatte er sich aber nicht vom Stalinismus gelöst. Er war nach wie vor Gegner einer offenen Auswertung der Chruschtschow-Geheimrede und nicht bereit, auch nur irgendeine Reform innerhalb unserer Partei und des Staates durchzuführen. Dies gilt ebenso für die Arbeit des Parlamentes. Ich erinnere mich an seine Meinung über die Volkskammer. Aus seiner Sicht könnte man die Volkskammer schon dadurch demokratisieren, daß man die Ausrufe Hört – hört oder Pfui – pfui einführt. Er verhöhnte durch diese Bagatellisierung all die Dinge, die eine große Rolle in der weiteren Entwicklung hätten spielen können, konnte nur deshalb nicht ganz offen auftreten, weil dann auch für ihn die Anklage gelten würde, die Chruschtschow in Moskau gegen den Personenkult erhoben hatte. Ulbricht hoffte natürlich auch auf Unterstützung durch die Opposition gegen Chruschtschows »Tauwetterpolitik«, zu der Molotow, Kaganowitsch, Malenkow u. a. leitende Funktionäre des Politbüros bzw. dessen Umgebung gehörten. Er war bestürzt, als offiziell bekannt wurde, daß diese konservative Gruppe entmachtet worden war, vor allem durch das Verhalten Marschall G. K. Shukows, der sich hinter Chruschtschow gestellt und damit eine Krise der sowjetischen Führung verhindert hatte. In dieser Situation war Ulbricht unglaublich nervös, fürchtete um seine Macht und drohte im Politbüro, ohne Namen zu nennen, allen, die für Reformen eintreten sollten, mit den Worten: »Ich werde alle verhaften lassen.«

Eines Tages kam Walter Ulbricht in höchster Erregung zu mir. Er habe soeben mit Stoph gesprochen. Gegen ihn würde eine Fraktion gebildet. Ich war höchst erstaunt über diesen Ausbruch und fragte ihn: »Wie kommst du auf eine solche Überlegung? Ich kann dir sagen, so etwas gibt es nicht. Hast du Namen? Wen verdächtigst du, eine Fraktion zu bilden? Er nannte hastig einige Namen, darunter Oelßner, Matern und Stoph. Entrüstet wies ich ihn daraufhin, daß solche Verdächtigungen eine gefährliche Situation heraufbeschwören würden. Und ich riet ihm dringend, sich von einer solchen Einbildung frei zumachen. Er ging etwas beruhigt zurück in sein Zimmer. Ich fragte mich, was das solle. Wollte er mich in die Versuchung bringen, seine Verdächtigungen zu nähren, um mich damit von ihm abhängig zu machen und eine üble Rolle zu spielen? Oder war es eine Drohung gegen mich selbst?

So entstand in dieser gespannten Situation im Politbüro die Tendenz – weniger reden, mehr schweigen. Ich entschloß mich, offen gegen Walter Ulbrichts Auffassung aufzutreten, Personenkult könne auf die Erkenntnis reduziert werden: Stalin sei kein Klassiker des Marxismus-Leninismus gewesen. Ich wollte seiner linksradikalen konservativen Haltung und Machtbesessenheit in aller Öffentlichkeit meine Meinung entgegensetzen. Bereits in Vorbereitung der 28. Tagung hatte Fred Oelßner am 3. Juli 1956 im Politbüro gefordert: »Man muß den XX. Parteitag als Ganzes nehmen, kann nicht weglassen, was unbequem ist.«

Ich wollte eine Veränderung.

Verbunden mit Gleichgesinnten

Um mich über meine Überlegungen zu notwendigen Reformen in der SED auszutauschen, suchte ich Kontakt zu mir bekannten Genossen in verantwortlichen Parteifunktionen und natürlich in den Reihen der antifaschistischen Widerstandskämpfer, die mit mir in Sachsenhausen und Flossenbürg gewesen waren. Es handelte sich aber nicht nur um Genossen, sondern auch um bürgerliche Politiker, mit denen ich durch die sachliche Arbeit in irgendeiner Weise zusammentraf und auf Entwicklungsprobleme zu sprechen kam. Das galt für Johannes Dieckmann, das galt für Manfred Gerlach. Hauptsächlich blieben meine Kontakte jedoch auf Parteikreise beschränkt. Sehr eng waren sie zu Ernst Wollweber, Gerhard Ziller, Fritz Selbmann, Wilhelm Girnus, Helmut Bock. In der weiteren Entwicklung gab es mit Otto Grotewohl sehr intensive Gespräche über Fragen sozialistischer Demokratie.

Ernst Wollweber kannte ich schon aus den zwanziger Jahren. Er war damals aus politischer Strafhaft gekommen. Später wurde er 1. Sekretär der KPD im Bezirk Niederschlesien mit dem Hauptsitz Breslau. Wir kamen uns näher in den Auseinandersetzungen um den VI. Weltkongreß der Komintern, September 1928, der die relative Stabilisierung des Kapitalismus analysierte und gegen linksradikale Positionen anging. Die Politik der KPD mußte neue Wege gehen. Eine Reihe von führenden Genossen forderte Veränderungen in der Parteiführung. Ihre Kritik richtete sich auch gegen Ernst Thälmann. Ich hatte damals ehrenamtliche Funktionen im Kommunistischen Jugendverband inne und am Ende der Auseinandersetzungen wurde ich zum Vorsitzenden des KJVD, Bezirk Schlesien, gewählt. Ich habe Ernst Wollweber als einen meiner ersten »Lehrer« betrachtet. In der Tat, er war großartig in seiner Ausdrucksweise, nicht engstirnig, kein Buchstabengelehrter. Ein Mensch voller solidarischem Verhalten.

Gemeinsam hatten wir den V. Parteitag der illegalen Kommunistischen Partei Polens in einem Breslauer Restaurant organisiert sowie den Verbandskongreß des Kommunistischen Jugendverbandes Polens. Er fand ebenfalls illegal in einem Sportlerheim in Jonsdorf bei Zittau statt. Polnische und deutsche Bergarbeiter schleusten die Delegierten durch Bergschächte von Polen nach Deutschland. Die politische Polizei entdeckte uns nicht, was bei dem Temperament der polnischen Delegierten, leidenschaftlich und laut zu diskutieren, ein wahres Wunder war. Glücklicherweise ging alles glatt über die Bühne. Die gesamte Parteiführung der polnischen KP nahm daran teil. Wir lernten eine Reihe von Persönlichkeiten kennen, die später unter Stalin hingerichtet worden sind. Stalin gab dann der Komintern den Befehl, die KPP als nicht mehr existent zu betrachten.

Gerhard Ziller kannte ich aus der illegalen Arbeit in den Jahren 1933 und 1934. Mit Fritz Selbmann war ich in den Konzentrationslagern Sachsenhausen und Flossenbürg zusammen gewesen, wo wir über viele Jahre konspirativ gearbeitet hatten. Auch sei Anton Ackermann genannt, mit dem ich in den Jahren vor 1952 sehr eng in der Wahlkampagne im Gebiet der Wismut zusammengearbeitet habe. Wir waren uns einig in der Einschätzung von Walter Ulbricht. Natürlich gab es noch mehr Freunde und Kampfgefährten, die wie ich dachten. Ich zähle dazu Friedrich und Anni Schlotterbeck, die längere Zeit bei der Staatssicherheit in Haft waren und denen in der DDR der Prozeß gemacht wurde. Nach 1956, als man die ersten Rehabilitierungen vornahm, wurden sie und andere entlassen. Anschließend wohnten sie in Groß Glienicke in der Nähe von Potsdam. Dort versammelten sich des öfteren auch Christa Wolf, Eduard Claudius, Hasso Grabner, Franz Fabian, Irma Harder und ich.

In Weimar hatte sich eine Gruppe um Helmut Holtzhauer gebildet, dem damaligen Direktor der »Nationalen Forschungs- und Gedenkstätten der klassischen deutschen Literatur«. In einem ausführlichen Brief vom 3. November 1956 an Gerhard Ziller hat er seine Sorgen und Gedanken zur politischen Lage dargelegt. Hier einige kennzeichnende Auszüge:

In der sozialistischen Welt sind einige neue Faktoren, darunter die Korrektur einer fehlerhaften Entwicklung wirksam geworden, die verlangen, daß mit derselben Entschiedenheit, mit der von 1945 bis 1953 bei uns ein bestimmter Weg eingehalten wurde, nunmehr der neue Weg beschritten wird, über den auch bei uns seit dem XX. Parteitag soviel geredet und in Wirklichkeit so wenig getan wurde...

In den letzten Monaten sind als Fehler in der bisherigen Arbeit mit phantasieloser Wiederholung immer wieder Personenkult, Dogmatismus und Geschichtsklitterung aufgezählt worden. Erschöpften sich aber darin wirklich die Fehler der letzten Jahre oder hat sich nicht vielleicht ein ganzer Komplex, ein ungesunder und unerträglicher Zustand herausgebildet, der uns zu einer kranken Partei werden ließ? Ich halte es nicht für richtig, einzelne Fehler der Vergangenheit »einzugestehen« und selbstkritisch Besserung zu geloben. Jede Erscheinung steht viel zu sehr in untrennbarem Zusammenhang miteinander. Also weder Personen, die im Rahmen einer »im Ganzen richtigen Politik« geirrt haben, noch Einzelmaßnahmen, die auf fehlerhaften Einschätzungen beruhten, lohnt es herauszugreifen, sondern wir müssen erklären, daß aufgrund der gegebenen historischen Bedingungen, kraft des Gesetzes, nach dem wir im Jahre 1945 angetreten sind, mit Notwendigkeit und Unvermeidlichkeit die Politik getrieben wurde, die wir betrieben haben. Diese Politik hat uns in den ersten Jahren unsere Erfolge gebracht, unter denen die revolutionäre sozialistische Umwälzung der Gesellschaftsordnung auf dem Territorium der Deutschen Demokratischen Republik und der Beginn des Aufbaus des Sozialismus die bedeutendsten sind. Daß diese Politik notwendig und unvermeidlich war, wird durch ihren internationalen Charakter bewiesen und wird auch nicht eingeschränkt durch die im einzelnen verschiedenartige Entwicklung der volksdemokratischen Staaten. Fehler werden auch in Zukunft nicht ausgeschlossen sein...

Die Ursachen des von mir als ungesund bezeichneten Zustandes sind bereits auf dem XX. Parteitag, wenn auch noch nicht erschöpfend, genannt worden. Die mir notwendig erscheinenden Neuerungen beziehen sich deshalb auf einen Zustand, der aus einem viele Jahre währenden Prozeß entstanden ist...

Um das Vertrauen der entscheidenden Klassen und Schichten zu gewinnen und zu erhalten, muß man zu ihnen selbst Vertrauen haben. Wir haben es nicht. Wir geben ihnen keine wirkliche Selbständigkeit und Selbstverantwortung, wir reden von Entfaltung der Schöpferkraft

der Massen und mißtrauen ihnen auf Schritt und Tritt,
wir hemmen und gängeln sie und nennen das »Anlei-
tung«. Die größte und jüngste Groteske auf diesem Ge-
biet ist, daß wir einen Ausschuß zur Anleitung der Volks-
vertretungen, also der »kollektiven Weisheit« schaffen,
die doch selbst anleiten und kontrollieren sollen. Um die
Gängelei zu beseitigen und die Initiative und das selb-
ständige Denken und Handeln zu entfalten, sind nicht
Aufforderung zur Kritik und Diskussion vonnöten, son-
dern Beispiele einer ungehinderten Behandlung von
Parteifragen durch Parteimitglieder in den Parteiorga-
nen. Kürzlich prägte jemand den Satz, daß wir solange
nicht von innerparteilicher Demokratie sprechen kön-
nen, solange wir nicht aussprechen können, daß eine
Meinung oder Äußerung des Genossen Ulbricht – um ir-
gend einen der führenden Genossen zu nennen – falsch
sei. Jetzt ist das ohne Vorladung vor eine Parteiinstanz
und ohne Vorwurf, die Partei anzugreifen, nicht möglich.
Selbständiges Denken, Selbstverantwortung und Selbst-
tätigkeit sind das Unterpfand für Mitarbeit und Ver-
trauen. Schluß mit der »Anleitung« genannten Gängelei,
die im Grunde auf Administration der Partei hinaus-
läuft. Wir müssen eindeutig sagen, daß jeder Genosse in
seinem Handeln an die Beschlüsse der Partei gebunden
ist, eine abweichende Meinung aber offen und ungehin-
dert äußern darf. Wie anders soll sonst die Möglichkeit
bestehen, unrichtige Beschlüsse zu korrigieren oder an-
stelle der alten Beschlüsse neue zu setzen ...

Von Bedeutung für mich waren die Beziehungen zu Otto
Grotewohl, seine Haltung zu unseren Gedanken und
deren Unterstützung. Ich kannte natürlich das ange-
spannte Verhältnis zwischen Otto Grotewohl und Walter

Ulbricht, deren unterschiedliche politische Vorstellungen schon bei den Verhandlungen über die Vereinigung der beiden deutschen Arbeiterparteien kraß zutage getreten waren. Diese Gegensätze bestanden Jahrzehnte hindurch, solange Grotewohl lebte.

Bis zu meinem Einsatz als Leiter der Abteilung Leitende Parteiorgane Anfang 1953 war ich mit Otto Grotewohl wenig in Berührung gekommen. Wir lernten uns erst nach meiner Wahl in das Politbüro im Juli 1953 etwas näher kennen. Auf dem IV. Parteitag im April 1954 befürwortete er meine Wahl in das Zentralkomitee.

Ende April flogen meine Frau und ich auf Einladung des ZK der KPdSU in Urlaub auf die Krim. Während unseres Zwischenaufenthaltes in Moskau waren wir in einer Gästewohnung auf der Gorkistraße untergebracht. Der Vertreter der Internationalen Abteilung und Deutschlandkenner Kabin besuchte uns und teilte uns mit, daß am 2. Mai Otto Grotewohl und seine Frau ebenfalls nach Moskau kämen, um sich am Schwarzen Meer zu erholen. Er fragte, ob wir bereit wären, mit der Familie Grotewohl zusammen den Urlaub zu verbringen. Wir hatten natürlich keine Einwände, die Entscheidung lag bei Grotewohl. Und der hatte, so sagte man mir einige Tage später, auf diesen Vorschlag sehr positiv reagiert. Offensichtlich sollte unser gemeinsamer Ferienaufenthalt Otto Grotewohl die Möglichkeit geben, mich politisch und menschlich näher kennenzulernen.

Der gemeinsame Urlaub verlief harmonisch. Ich hatte das Empfinden, daß sich bei Otto Grotewohl Vertrauen zu mir anbahnte. Wir gingen aufeinander zu. Für unsere beiden Familien war dieser Urlaub ein politischer und menschlicher Gewinn. Grotewohl bot mir seine Freundschaft an. Später hat er mich gefragt, ob wir nicht wieder zusammen Urlaub machen könnten. Aber die Arbeit ließ es nicht zu.

Er hatte in mir jemanden im Politbüro gefunden, der nicht Anhänger Ulbrichts war, sondern offen für alle Diskussionen. So hat Grotewohl mit mir auch darüber gesprochen, daß man ihm bei der Vorbereitung der Vereinigung 1946 von »drüben«, vom Westen her, einen Blanko-Scheck übergeben wollte. Er solle eine beliebige Summe einsetzen, aber von der Vereinigung mit der KPD ablassen. Das war eine sehr grobe und freche Provokation. Er hat sich nicht bestechen lassen und mit der Partei und den Sowjets darüber gesprochen.

Von diesem Urlaub zurückgekehrt, besuchte ich Walter Ulbricht eines Morgens in der Wohnung. Er und seine Frau frühstückten gerade. Ich erzählte ihm, daß auf Initiative der Moskauer Genossen Grotewohl und ich gemeinsam den Urlaub auf der Krim verbracht hätten. Ulbricht und seine Frau sahen sich erst erstaunt, dann vielsagend an. Ulbricht stellte mir mit einer gewissen Schärfe die Frage: »Wo ist denn Matern untergebracht? Er ist doch auch auf der Krim im Urlaub.«

»Er wohnt in dem sowjetischen Parteiheim ›Rote Fahne‹. Wir haben uns gegenseitig besucht.« Ulbricht blieb natürlich nicht verborgen, daß sich zwischen Otto Grotewohl und mir ein engeres Verhältnis herauszubilden begann.

In der Tat, Otto Grotewohl und ich tauschten in zunehmendem Maße unsere Gedanken aus und diskutierten viele politische Fragen. Ich habe ihn manchmal auch beruhigen müssen in Dingen, bei denen er nicht mit der Politik Ulbrichts einverstanden war. Über das zwischen Ulbricht und Grotewohl bestehende gespannte Verhältnis hatte sich bereits das Politbüro der KPdSU Sorgen gemacht. So sagte mir Mikojan nach dem IV. Parteitag der SED (1954) auf unserer gemeinsamen Fahrt durch die DDR – Semjonow übersetzte: »Genosse Schirdewan, achten Sie auf das Verhältnis zwischen Ulbricht und Grotewohl. Wir sind in Sorge, daß es immer wieder neue Schwierigkeiten gibt. Es gibt dort untereinander kein – sagen wir mal – Aufeinanderzugehen, Das Verhalten Ulbrichts ist so, daß man sagen kann, er haßt Grotewohl und intrigiert gegen ihn.«

Otto Grotewohl bewegte es immer stärker – was ich als durchaus positiv fand –, daß die Deutschlandfrage nie aus dem Auge verloren werden durfte. Auch sorgte er sich um die innerparteiliche Demokratie, denn er spürte, wie sie bis hinunter in die Grundorganisationen der Partei erstarrte.

Wir wollten eine größere Selbständigkeit der in der Volkskammer vertretenen Blockparteien. Wir hatten eine gleiche kritische Meinung zu Honecker. Er habe sich in seiner Funktion als Vorsitzender der Freien Deutschen Jugend nicht bewährt. Otto Grotewohl hielt Erich Honecker für einen Nachbeter Walter Ulbrichts und machte ihn unter anderem für die 1952 gegründete abenteuerliche Aktion »Dienst für Deutschland« verantwortlich. Deren Zielsetzung und Organisation waren katastrophal gescheitert. Eine Reihe leitender Funktionäre wurden wegen grober Fehler zur Verantwortung gezogen und zeitweise sogar inhaftiert. Nur Erich Honecker blieb ungeschoren.

Über den 17. Juni 1953 stimmte unsere Meinung in vielen Fragen überein. Mit dem Neuen Kurs war Otto Grotewohl voller Hoffnung, in der Deutschlandfrage neue Aspekte zu finden. Doch bald spürte er, so wie ich, daß der Neue Kurs keine grundsätzliche, sondern nur eine taktische Bedeutung hatte. Er machte keinen Weg frei zu besseren Beziehungen zwischen den beiden deutschen Staaten.

Otto Grotewohl fand aber nicht die Kraft, gegen die in der Mehrheit des Politbüros vertretene Meinung »Nur keine Fehlerdiskussion« aufzutreten. Später hoffte er auf Reformbewegungen nach dem XX. Parteitag der KPdSU. Er setzte große Hoffnung auf Veränderung und eine neue Parteiführung.

Als sich die Ulbrichtgruppe gegen mich bildete, fragte ihn Fritz Ebert einmal, warum er nicht gegen mich Stellung nähme. Er antwortete: »Alle mögen überlegen, wieviel Kräfte wir haben, die einmal an unsere Stelle treten können.« Als die Auseinandersetzungen mit mir und den anderen Genossen ihrem Höhepunkt zugingen, trat er offen für mich ein.

Ich lernte in Otto Grotewohl einen Menschen kennen, der in seinem Glauben und Willen ehrlich von der Herstellung einer sozialen Gerechtigkeit und schließlich von dem Aufbau einer sozialistischen Gesellschaft überzeugt war. Hermann Matern, der wie Ulbricht ein Gegner von Otto Grotewohl war, zweifelte Grotewohls Zuverlässigkeit an. Das war die Methode ultralinker Kommunisten, mit Verdächtigungen schnell bei der Hand zu sein. In seinen Gefühlen war Otto Grotewohl von einer solchen Atmosphäre zutiefst betroffen. Über seinen inneren Zwiespalt, unter dem er ständig litt, wie weit man sich von den Idealen der Vereinigung der beiden Arbeiterparteien 1946 entfernt hatte, sprach er sich nicht aus. Dabei hatte er in diese Vereinigung großes Vertrauen gesetzt – ein Bruderkampf sollte ein für allemal verhindert werden. Ich habe die tiefe ehrliche Freundschaft zwischen dem Kommunisten Wilhelm Pieck und dem Sozialde-

mokraten Otto Grotewohl bei vielen politischen Bege-
benheiten persönlich miterleben können. Otto Grotewohl war von der historischen Notwendigkeit der Einheit der Arbeiterklasse, der Arbeiterbewegung sowie
ihrer mitentscheidenden Rolle in der Geschichte überzeugt, nur so habe ich seine Rede auf der 1. Parteikonferenz der SED im Januar 1949 für die Entwicklung der
SED zu einer »Partei neuen Typus« verstanden. In den
von ihm genannten Merkmalen einer Partei neuen Typus
und dem Prinzip des demokratischen Zentralismus sah
er nicht die Gefahr der Transformierung der SED in eine
dem stalinschen Sozialismus-Modell untergeordnete
Partei. Für mich handelte er in gutem Glauben an die ge-
rechte Sache des Sozialismus. Er geriet dann aber in die
Zwänge der weiteren politischen Entwicklung, aus denen er sich vor allem nach der schweren Erkrankung
Wilhelm Piecks im Jahre 1956 nicht mehr befreien
konnte. Otto Grotewohl war sich meiner Meinung nach
seines politischen Gewichts in der DDR und auch international nicht bewußt. Im Verhältnis zu Walter Ulbricht
fand er nicht die notwendige Kraft, dessen Demagogie
verändernd entgegenzutreten, die Infamie Ulbrichts
lähmte ihn. Ich vertraute ihm trotz mancher Wider-
sprüchlichkeit im Verhalten bei politischen Entscheidungen. Grotewohl war ein sehr gefühlsreicher Mensch,
wich kritischen Auseinandersetzungen nicht aus; diese
mußten aber einen Sinn haben und nicht gegenseitig her-
abwürdigend geführt werden. Er verabscheute Macht-
streben und Herrschaftsallüren.

Otto Grotewohl war auch ein musischer Mensch, der
sich in seinem privaten Lebensbereich mit Literatur und
Malerei beschäftigte.

Ein von ihm gemaltes Porträt von August Bebel fand

in einem Sitzungssaal des ZK-Gebäudes seinen Platz. Es war ein Erlebnis, sich mit ihm über Kunst und Literatur zu unterhalten.

In seinem politischen Leben haben sich seine Vorstellungen von der Entwicklung einer sozialistischen Demokratie in der DDR nicht erfüllt. Die Erkenntnis darüber hat ihn spätestens 1958 gesundheitlich und körperlich gebrochen. Es fiel ihm ab 1960 immer schwerer, sein Amt als Ministerpräsident wahrzunehmen. Er verstarb am 21. September 1964. Wenige Tage vor seinem Tod hatte er Sanssouci und seinen früheren Mitarbeiter Ludwig Eisermann noch einmal besucht. Er wurde begleitet von dem Chef der Staatssicherheit des Bezirkes. Wie Ludwig Eisermann später erzählte, habe ihn Otto Grotewohl nach mir gefragt. Er hatte nicht vergessen, daß ich in Potsdam wohnte und wollte wissen, wie es mir ginge und ob auch alles mit mir in Ordnung sei.

Wir waren keine Geheimbündler

In den vielen Gesprächen, die ich mit Gleichgesinnten führte, gab es volle Übereinstimmung hinsichtlich der Konsequenzen aus dem XX. Parteitag der KPdSU für Reformen in der SED und im Staatswesen der Republik. Dabei gingen wir davon aus, daß bei den durchzuführenden Veränderungen die Erfahrungen aus bestimmten Entwicklungsetappen der Partei und der DDR zu berücksichtigen sind. Dazu zählten wir Schlußfolgerungen aus der Vereinigung der KPD und SPD zur SED und deren spätere Verfälschung zur »Partei neuen Typus«, den überstürzten Beschluß der 2. Parteikonferenz, den verfehlten Neuen Kurs und die Zeit um und nach dem 17. Juni 1953.

Alle diese Ereignisse waren mit Restriktion verbunden und hatten zum Verlust des Vertrauens der Bürgerinnen und Bürger der DDR gegenüber Partei und Staat geführt. Eine Demokratisierung im Lande war aber ohne Demokratisierung der Partei nicht möglich. Deshalb mußte mit der Reform in der Partei begonnen werden, mußten Verfälschung und Mißbrauch der sogenannten »führenden Rolle der Partei« aufhören.

Das bedeutete nicht nur die formale Abschaffung des Personenkults. Das war eine Sache, die sich relativ schnell korrigieren ließ. Es ging vor allem um die Herstellung der innerparteilichen Demokratie, um die Beseitigung des erstarrten demokratischen Zentralismus, der zum Instrument persönlicher Machtausübung in fast allen Führungsebenen der Partei geworden war. In diesem Sinne wollten wir Gleichgesinnte wirken. Um richtig verstanden zu sein: Es ging nicht um die Bildung einer Fraktion und die Herausgabe einer Plattform. Wir hüteten uns davor, denn die Bildung einer Fraktion hätte Verteufelung bedeutet. Wir waren in den verschiedensten Funktionen der Partei, im Staatsapparat sowie in den Massenorganisationen tätig. Und das wollten wir nutzen. Jeder sollte von seinem Platz aus versuchen, Einfluß auf die Entwicklung zu nehmen.

Wie schwierig es war, alternative politische Pläne zu diskutieren und diese dann zusammenfassend schriftlich festzuhalten, ist heute unvorstellbar. Für ein Politbüromitglied war das fast unmöglich. Mielkes Informanten, die einen auf Schritt und Tritt beobachteten, schufen eine Atmosphäre, die offenen Meinungsaustausch meist verhinderte. Da blieb eben nur das unverfängliche politische Gespräch mit den Genossen im Parteiapparat, denen man vertrauen konnte.

Ein eigenes schriftliches politisches Programm hatte ich nicht, konnte ich nicht haben. Eine solche Ausarbeitung wäre als Plattform gebrandmarkt und als Todsünde gegen die Einheit der Partei verurteilt worden. Das wäre unter Ulbricht politischer Selbstmord gewesen. Das heißt jedoch nicht, daß ich keine durchdachten und zusammenhängenden Vorstellungen von notwendigen Schritten und Maßnahmen hatte. Manch einer, der die damalige Situation in der Parteiführung nicht bedenkt, kann heute leicht sagen, ich hätte sozusagen nachträglich meinen Kampf gegen Ulbricht und seine Anhänger im Politbüro für eine neue, das heißt demokratische Politik der Partei aufgebauscht, ich könne kein entsprechendes Dokument – eben eine Plattform – vorweisen.

Es gibt genügend schriftliche Unterlagen, die meine damalige Position nachweisen. Das sind z. B. protokollierte Veränderungsvorschläge, die ich auf den Sitzungen im Politbüro oder Kommissionen unterbreitete. Auch meine Kritik an Ulbricht und seiner Arbeit als Erster Sekretär ist vermerkt worden.

Eine Plattform zu diskutieren und sie dann niederzuschreiben, damit sozusagen eine umfassende Konzeption für eine veränderte Politik nachlesbar wird, war gefahrvoll für die Sache und für mich selbst. Das beweisen die Erfahrungen aus der Stalinzeit und auch die aus dem Jahre 1956. Bekanntlich hatte Wolfgang Harich 1956 eine solche Plattform formuliert, fand aber keine Gelegenheit, sie zu verbreiten. Er versuchte, Unterstützung durch den sowjetischen Botschafter Puschkin zu erhalten. Aber dieser empfahl ihm, zu Walter Ulbricht zu gehen. Er sei Botschafter der UdSSR und Mitglied der KPdSU und gehöre nicht der SED an. So ging Harich auch zu Ulbricht, um seine Plattform zu erläutern. Ulbricht behandelte ihn freundlich. Aber kaum hatte Harich Ulbrichts Büro verlassen, informierte dieser die Sicherheitsorgane, und die Observation setzte ein.

Es ist interessant zu wissen, daß im Nachlaß Ulbrichts eine Mappe mit der Aufschrift »30. Plenum Schirdewan« gefunden wurde. Darin befand sich die von Harich formulierte Plattform. Wiederholt bin ich gefragt worden, ob ich dieses Dokument geschrieben hätte. Ich konnte nur antworten, daß ich keine Plattform niedergeschrieben habe. Sie hätte ja irgendwo konspirativ geschrieben und vervielfältigt werden müssen. Ich aber wollte als Politbüromitglied offen auftreten, in offener Auseinandersetzung meine Auffassungen darlegen, in offener Aussprache Veränderungen erreichen. In parteilicher Diskussion – so wie ich es im KJVD und in der KPD in den 20er Jahren und bis 1933 erlebt habe – ging es mir um Öffentlichkeit für meine Gedanken und die der mit mir Gleichgesinnten über die Politik der Partei. So habe ich in den Jahren der Verfälschung des Neuen Kurses nach 1953, aber besonders nach dem XX. Parteitag bei den verschiedensten Gelegenheiten in Diskussionsreden oder in Referaten manch neuen Gedanken gegen doktrinäre Auffassungen eingefügt, warum und wie aus meiner Sicht die Partei zu reformieren sei. Ich wandte mich stets gegen die überspitzten Auffassungen von der vor allem unterdrückenden Funktion der Diktatur des Proletariats, gegen die immer mehr in dogmatischer Auffassung erstarrende innerparteiliche Demokratie, gegen jeglichen Formalismus im Parteileben.

In den Beratungen des Politbüros und des Sekretariats legte ich meinen Standpunkt zu den Problemen dar, die ich anders sah als Walter Ulbricht. Ich wandte mich gegen jegliches Taktieren bei politischen Entscheidungen, gegen Subjektivismus in der Beurteilung nationaler und internationaler Vorgänge, gegen den Mißbrauch politischer Macht zur Vertuschung von Fehlern und Mängeln sowie zur Unterdrückung demokratischer, geistiger und künstlerischer Freiheiten. Die sektiererische These von der ständigen Verschärfung des Klassenkampfes akzeptierte ich nicht, sondern ich setzte mich für die Suche und das Finden von Kompromissen und Handlungsvarianten ein. Es sollte nicht nur eine einzige Meinung als absolut richtig gelten – die von Walter Ulbricht. Ich war für allseitig durchdachte kollektive Entscheidungen.

Später fragte man mich, was ich gemacht hätte, wenn Ulbricht in dieser kritischen Situation – auch unter »Druck« von Moskau – von seiner Funktion hätte abgelöst werden müssen. Manche meinten sogar, ob Ulbricht oder Schirdewan, es wäre gleich, beide seien Stalinisten, von Moskau abhängig.

Ich will nicht verhehlen, daß ich bereit gewesen wäre, als einer der Sekretäre in einer neuen Führung Verantwortung zu übernehmen. Aber ich hätte einen abrupten Führungswechsel abgelehnt. Das spontane Ablösen von Funktionären an der Spitze – sozusagen von heute auf morgen – hat früher oder später in der kommunistischen Bewegung immer Unheil gebracht. Wenn aus zwingender Notwendigkeit die Ablösung aus solchen Funktionen erforderlich wird, halte ich die Einberufung eines Parteitages für unerläßlich. Auf ihm muß eine gründliche Diskussion über den künftigen Weg und über die Kandidaten für die Führungsfunktionen erfolgen und damit die Voraussetzung für die geheime Wahl der Führungsspitze gegeben sein. Alles andere wäre undemokratisch, ja Fortsetzung stalinistischer Organisationsprinzipien. Einer anderen Lösung hätte ich nicht zugestimmt.

Damit es Ulbricht nicht wie Rákosi geht

Diesen Gedanken sprach ich in meiner Erregung aus, als der von mir ausgearbeitete Entwurf zum Bericht des Politbüros, den ich auf der 29. Tagung des Zentralkomitees der SED im November 1956 vortragen sollte, im Politbüro beraten, besser verrissen wurde. An die näheren Umstände, wann und warum es zur Festlegung gekommen war, daß ich diesen Bericht geben soll, kann ich mich nicht erinnern. Mir wurde dann aber klar, daß es aus einer gegen mich gerichteten Absicht geschehen war. Man kannte meine Grundgedanken, war davon überzeugt, daß ich diese auch im Bericht aufwerfen werde, und glaubte so, eine Attacke gegen mich reiten zu können. So warfen mir vor allem Ulbricht und Honecker vor, ich hätte mich nicht an die vorgegebene Grundlinie gehalten. Ich würde die deutsche Frage einseitig darlegen, die NATO unterschätzen, die Vorgänge in Polen und Ungarn verharmlosen und die verräterische Rolle des ungarischen Philosophen Lukács nicht verurteilen sowie innerparteiliche Fragen nicht prinzipienfest beurteilen. Kurzum, mein Bericht entsprach nicht den Auffassungen Walter Ulbrichts, er wollte seine Sicht im Bericht durchsetzen. Ich wehrte mich dagegen und warnte davor, von Schlußfolgerungen aus dem XX. Parteitag der KPdSU wieder abzurücken, und erinnerte Walter Ulbricht an seine diktatorischen Entscheidungen, die viele fürchteten. Dabei sprach ich Otto Schön an und erinnerte ihn daran, daß auch er Furcht vor

Walter Ulbricht habe. Otto Schön antwortete prompt mit einem Ja.

Eindringlich wies ich darauf hin, daß die Ereignisse in Ungarn unter anderem auch darin begründet seien, daß Rákosi keinerlei Lehren aus dem XX. Parteitag gezogen habe, weiter selbstherrlich verfahren ist und schließlich auf dem Höhepunkt der vor allem von ihm verschuldeten Krise sein Land verlassen mußte, ja davongetrieben wurde. Es war eine erregte Auseinandersetzung, und dabei sagte ich: »Ich will nicht, daß Walter Ulbricht den Weg von Rákosi geht.«

Mein Entwurf des Berichtes wurde trotzdem nicht akzeptiert. Ich sollte ihn überarbeiten. Das tat ich dann auch, soweit ich es vor mir verantworten konnte, und trug ihn auf der 29. Tagung des Zentralkomitees am 12. November 1956 vor. Bei der Darlegung der internationalen Lage und der Deutschlandfrage ging ich von den objektiven Umständen der internationalen Ereignisse aus und zog Schlußfolgerungen aus dem Stand der Erfüllung des Beschlusses der 28. Tagung des ZK der SED vom Juli 1956. Vor allem machte ich auf die nach wie vor bestehende Notwendigkeit aufmerksam, in Auswertung der Lehren aus den Ereignissen in Ungarn, die demokratischen Verhältnisse im Land und in der Partei zu gewährleisten. So meinte ich, daß die Tätigkeit der Massenorganisationen keine schablonenhafte Nachahmung bestimmter Formen der Parteiarbeit sein dürfe. Auch käme es auf die Festigung des Blocks der antifaschistisch-demokratischen Parteien an. Mehr Aufmerksamkeit sei den Mitgliedern der kleinbürgerlichen Parteien zu schenken. Ihre demokratische Mitwirkung müsse gefördert werden.

Ich möchte hier nicht weiter auf meine Ausführungen

eingehen. Es zeigte sich in der Diskussion, daß ich doch einige Anregung gegeben hatte, über das Geschehen und über die Lage kritischer nachzudenken. So meinte Fritz Selbmann, daß die ungarische Partei zu lange gezögert hat, die notwendigen Konsequenzen aus dem XX. Parteitag der KPdSU im Kampf gegen den Personenkult zu ziehen.

Albert Norden mahnte an, daß es nicht nur um materielle Sicherheit der Jugend gehen könne. Er forderte, mehr Aufmerksamkeit der regen Freizeitgestaltung der Jugend zu schenken. Von der Gängelei muß man wegkommen. Eine Pferdeschwanzfrisur sei auf keinen Fall ein gegen den Sozialismus gerichtetes Zeichen.

Grete Wittkowski machte auf die Notwendigkeit richtiger Politik gegenüber sozialdemokratischen Genossen aufmerksam. Jegliches Sektierertum sei schädlich.

Bruno Leuschner mahnte, bei jeder politischen Zielstellung zuerst von den ökonomischen Möglichkeiten auszugehen.

Ein erheiterndes, aber treffendes Beispiel für Personenkult beschrieb Friedrich Ebert: Vor einer Woche haben wir den 39. Jahrestag der Großen Sozialistischen Oktoberrevolution gefeiert. Es war eine große Festveranstaltung des Zentralkomitees. Erich Mückenberger hat gesprochen. Darüber hat das ND auf der zweiten Seite einen kurzen Bericht gebracht. Aus Platzmangel. Der Redakteur habe dazu aus dem Hause des ZK Zustimmung erhalten. Wenn Walter Ulbricht die gleiche Rede gehalten hätte, wäre kein Platzmangel gewesen. Als Walter Ulbricht die Olympiakämpfer verabschiedete, war die Platzverteilung: Erste Seite ND Hauptaufmachung: Aus der Ansprache Walter Ulbrichts; zweite Seite groß aufgemacht: Walter Ulbricht überbrachte die Grüße der Regierung an die Olympiateilnehmer, ein zweiter großer Bericht: Walter Ulbricht verabschiedete Olympiateilnehmer in der Sporthalle. 4 Namen von 38 Olympiateilnehmern wurden genannt – die Hauptpersonen wurden also fast übersehen.

So zeichneten 20 Diskussionsredner ein ehrliches Bild noch vorhandener Mängel. Sie waren konstruktiv. Demgegenüber belehrte Walter Ulbricht jeden Diskussionsredner. Matern, Mielke und Stoph mahnten zur Wachsamkeit, brandmarkten politische Sorglosigkeit beschworen Einheit und Reinheit der Partei.

Sehr bedeutsam war das Schlußwort von Otto Grotewohl. Er stellte fest, daß die Aussprache eine Menge großer Probleme noch oben gespült hat. Es wäre grundfalsch, die vielfältigen gärenden Probleme zu unterdrükken. So meinte er: Wir können nicht mit unseren Millionen Parteimitgliedern allein glücklich sein. Das ist zwar eine starke Kampfkraft, aber wir müssen doch darüber hinaus die Blicke auf die gesamte Arbeiterklasse, auf die vielen aufgeklärten und fortschrittlichen Menschen richten, ohne die wir nicht auskommen können.

Es gehe nicht an, daß wir jeden, der eine abweichende Meinung hat, in die Nähe der Konterrevolution rücken. Das Politbüro sollte nach dieser Tagung eine genaue kritische Auswertung aller Dinge vornehmen, die hier ausgesprochen wurden, es steckt nämlich noch sehr viel drin.

Ich habe über die Tagung deshalb etwas ausführlicher berichtet, weil in der Parteipresse über den von mir vorgelegten Bericht und über die freimütige Diskussion wesentlich später und in wesentlich »entschärfter« Form berichtet wurde. In den Mitgliederorganisationen der SED fand keine wie sonst üblich gründliche Auswertung des Berichtes des Politbüros auf dieser ZK-Tagung statt.

Er wurde nahezu totgeschwiegen. Es gab auch keine Veröffentlichung des Materials dieser Tagung in Broschürenform.

Den konservativen Kräften im Politbüro hat die Tagung mit aller Deutlichkeit bewiesen, daß der Wille zur Überwindung der Folgen des Personenkults noch bei vielen Parteimitgliedern ungebrochen ist und sie nicht nachlassen werden, die dazu notwendige Veränderung der Parteiarbeit zu erreichen.

Es war zu erkennen, daß die Reformidee im Zentralkomitee Fuß gefaßt hat. Ulbricht und seine Anhänger spürten, saß sie keine Zeit mehr verlieren dürfen und sahen sich veranlaßt, zum Gegenangriff überzugehen. Das Zentralkomitee mußte wieder unter ihre Kontrolle gebracht werden.

Zuspitzung der Auseinandersetzungen

Es gibt zahlreiche Beispiele dafür, daß es Ulbricht immer wieder versuchte, mich von bestimmten politischen Entscheidungsprozessen im Politbüro auszuschließen bzw. mich in meiner Verantwortung innerhalb der Parteiführung zu beschneiden, um ungestört seine Linie in der SED durchsetzen zu können. Hierfür steht u. a. bereits ein Ereignis aus dem Sommer des Jahres 1955. Wie gewöhnlich ging Walter Ulbricht in den Sommerurlaub. Doch dieses Mal ließ er offen, wer von den Mitgliedern des Politbüros ihn in seiner Abwesenheit vertreten sollte. Normalerweise wäre das meine Aufgabe gewesen, gehörte ich doch als einziger in der Parteiführung neben Ulbricht sowohl dem Politbüro als auch dem Sekretariat des Zentralkomitees an. Doch gerade das wollte Ulbricht offensichtlich verhindern. So wurde durch ihn kein Stellvertreter bestimmt. Als wir uns dann zur ersten Sitzung des Politbüros während Ulbrichts Ferien im Sitzungssaal der Parteiführung versammelten, stand die Frage im Raum, wer die Beratung leitet und für den abwesenden Ersten Sekretär die laufenden Amtsgeschäfte übernimmt. Einige von den um den ovalen Sitzungstisch versammelten Mitgliedern und Kandidaten des Politbüros schauten erwartungsvoll zu mir. Doch ich hielt mich in dieser Situation bewußt zurück, da ich die Absicht Ulbrichts erkannt hatte. Um die eingetretene Verlegenheit zu beenden und zugleich die notwendige Klarheit zu schaffen, wandte ich mich zu Hermann Matern, einem

Ulbricht völlig ergebenen Mann, und machte den Vorschlag: »Genossen, ich schlage vor, daß der Genosse Matern den Ersten Sekretär während seiner Abwesenheit hier vertritt.« Alle anderen nickten erleichtert und damit war diese Frage erledigt.

Herbert Warnke zählte während der Auseinandersetzungen mit der Ulbricht-Gruppe im Politbüro nicht zu den Leuten, die sich gegen mich stellten. Vielmehr billigte er – wenn auch in vorsichtiger Form – mein Vorgehen. Als Ulbricht mit Hilfe Honeckers daran ging, mich politisch auszuschalten, empörte sich Warnke. Er selbst sagte mir: »Karl, ich mach nicht mehr mit. Der Stoß geht gegen dich. Diesmal will der Ulbricht dich fertig machen.« Doch als ich seine Unterstützung im Politbüro gebraucht hätte, zögerte Warnke. Als z. B. Mikojan durch einen inoffiziellen Besuch in der DDR – das muß Ende 1956, Anfang 1957 gewesen sein – sich ein Bild über die Kontroversen in der Parteiführung machen wollte, war einer der Streitpunkte die Frage der Schaffung von sogenannten Arbeiterkomitees. Walter Ulbricht hatte sie ohne vorherige Abstimmung im Politbüro Anfang Dezember 1956 vorgeschlagen. Doch dagegen hatte ich mich ausgesprochen und eine gründliche Überprüfung dieses Vorschlages gefordert. Natürlich war ich gerade in dieser Frage an der Meinung des Gewerkschaftsvorsitzenden interessiert. Als ich Herbert Warnke bei einem Spaziergang mit meiner Frau im gemeinsamen Wohngebiet begegnete, nutzte ich die Gelegenheit und fragte ihn direkt: »Herbert, was meinst du denn dazu?« Doch Warnke wich mir aus. Hinterher sagte dann meine Frau zu mir: »Siehst du Karl, Warnke fängt an, umzukippen.«

In der Diskussion mit Mikojan über diese Problematik

sprach ich mich für die Bildung von Betriebsräten aus. Sie haben in der deutschen Arbeiterbewegung eine große Tradition, mußten gewählt werden und tragen einen durchaus demokratischen Charakter. Außerdem stärkten sie die demokratische Rolle der Gewerkschaften. Ulbricht dagegen sah in den Arbeiterkomitees die Instrumente, die über das Staatssystem der Volkswirtschaft dirigiert werden konnten. Obwohl er wissen mußte, daß das ursprüngliche System der Arbeiterkomitees in Jugoslawien von den volkswirtschaftlichen Problemen durch Beibehaltung einer zentralen Planung eingeengt und erdrückt wurde, machte er seinen demagogischen Vorschlag. Später trat Ulbricht auf Drängen Chruschtschows den Rückzug an. Von Arbeiterkomitees wurde nicht mehr gesprochen, aber auch nicht mehr von Betriebsräten.

In den durch die Ereignisse in Polen und Ungarn spannungsgeladenen Monaten Oktober, November und Dezember des Jahres 1956 nutzte Walter Ulbricht vor allem mit Unterstützung von Erich Honecker und Erich Mielke alle Möglichkeiten, dem in der Umbruchsstimmung nach dem XX. Parteitag der KPdSU sich verstärkenden Auftreten der verschiedensten oppositionellen Kräfte entschieden entgegenzuwirken. Dazu nur einige wenige Beispiele, die das verdeutlichen.

Mit Otto Grotewohl und Paul Wandel nahm ich an einer Beratung des Schriftstellerverbandes teil, um über Probleme des XX. Parteitages und auch über sozialistischen Realismus zu diskutieren. Viele bekannte Schriftsteller waren unter ihnen, so Stephan Hermlin, Stefan Heym, Eva Lippold und Ehm Welk. Mitten in die Beratung platzte Walter Ulbricht hinein. Er mischte sich in den Gedankenaustausch ein und meinte unvermittelt,

»Wir wissen, es gibt Leute, die versuchen, unsere Parteilinie zu stören.« Alle waren über seinen Ausbruch überrascht, ja erschrocken. Stefan Heym wandte sich Ulbricht zu und ermahnte ihn, man muß sehr vorsichtig und
sehr gründlich sein, wenn man solche Beschuldigungen
ausspricht. Man wisse ja nicht, welche Namen hier ins
Auge gefaßt seien, welche veröffentlicht werden sollen.
Das könne aber sehr schief ausgehen, bei der augen-
blicklichen Situation. Natürlich war mit dem Auftreten
Ulbrichts die bis dahin gute Atmosphäre der Zusammenkunft gestört.

Auch im Politbüro entbrannten gegensätzliche Auffassungen. So warf mir Honecker vor, gegen den Einsatz
der Kampfgruppen gegen Studenten zu sein. Ich fragte
ihn nur, ob er vergessen habe, daß unsere Studenten in
der Mehrzahl Söhne und Töchter von Arbeitern, Bauern
und anderen Werktätigen sind, also auch jener Arbeiter,
die nach seiner Meinung gegen ihre eigenen Kinder mit
dem Knüppel einschlagen sollen. Das ist keine Lösung
der politischen Probleme, die entstanden sind. Ich lehne
das entschieden ab. Wir brauchen Dialog, nicht Waffen-
gewalt.

Mein Vorschlag, Wolfgang Harich und Walter Janka
die Gelegenheit zu geben, im Politbüro ihre Auffassungen darzulegen, wurde sehr schroff abgelehnt, wobei ich
sagen möchte, daß eine Fürsprache für Wolfgang Harich
sehr schwer war, weil er in der Phase der Ausarbeitung
seiner Auffassungen verschiedene Kontakte in Westdeutschland, in Polen, in Westberlin und dabei auch zur
SPD aufgenommen hatte. Er hat aber auch das Gespräch
mit Puschkin und Ulbricht gesucht.

Während einer Sitzung des Politbüros wurden die Mitglieder gebeten, auf den Flur hinauszutreten. Dort waren

WALTER JANKA

Schwierigkeiten mit der Wahrheit

Für Gisela und Karl Schirdewan
die ich trotz der „Schwierigkeiten..."
(im absoluten Gegensatz zu eine
+ deren Bekannten") über alle Jahre
hinweg zu meinen Genossen zählte
und respektierte
Wer wohl misst den Scherbenhaufen,
den uns borrnierte, nie noch aufs eigene
Wohl bedachte .... hinterlassen haben.
Schmerzliches empfinden es wir?
in alter Freundschaft

roro
Rowohlt
Nov. 1989

Walter Janka
Charlotte Janka

Widmung Walter Jankas in seinem Buch »Schwierigkeiten mit der Wahrheit« für Karl Schirdewan

auf einem langen Tisch die bis dahin vorliegenden Ermittlungsakten über Harich und Janka und ihre Mitstreiter ausgelegt. Man bat uns, die Unterlagen einzusehen. Wir mußten dabei an diesem Tisch hintereinander entlanggehen. Am Ende des Tisches stand Mielke und beobachtete. Man verspürte fast körperlich seinen kontrollierenden Blick. Ich versuchte in eine Akte einzusehen, konnte es aber nicht, weil ich vorwärts gedrängt wurde. Ich warf die Akte wieder hin. Dieser Vorgang erinnerte mich an eine ähnliche Praxis Stalins. Die von ihm unterschriebenen Urteile ließ er auf einer Liste erfassen. Jeder mußte sie unterschreiben. Damit war Stalin nicht der alleinige Unterzeichner der Urteile. Es war ein psychologischer Trick, mitverantwortlich zu machen. Ulbricht wollte ihn wohl auch anwenden.

Um komplexer und geschlossener gegen Widersacher vorgehen zu können, schlug Walter Ulbricht eines Tages die Bildung einer Sicherheitskommission vor. Erich Honecker war für sie verantwortlich. Die Mitglieder wurden geradezu verpflichtet, mit aller Entschiedenheit gegen oppositionelle Kräfte vorzugehen. Mich hatte Ulbricht wahrscheinlich deshalb in die Kommission mit eingebunden, um mich zu zügeln. Ich ließ mich aber nicht »einbinden«. Mir ging es vor allem auch darum, daß in dieser Auseinandersetzung mit Andersdenkenden in keinem Fall die sozialistische Gesetzlichkeit verletzt wird. Nach den Enthüllungen der Willkür Stalins durch den XX. Parteitag hielt ich es für völlig falsch, ehrlich gemeinten politischen Meinungsstreit zu kriminalisieren und strafrechtlich abzuurteilen. Bruno Haid, der als stellvertretender Generalstaatsanwalt den »Fall Janka« behandelte, sagte mir, daß er nach gründlichem Aktenstudium keinen Grund sehe, gegen Janka und seine Mitarbeiter im Aufbau-Verlag einen Prozeß zu führen. Die von Janka geführten Diskussionen gaben keinen Anlaß für eine strafrechtliche Verfolgung. Ich schlug ihm vor, davon Walter Ulbricht zu unterrichten. Da dieser telefonisch nicht zu erreichen war, empfahl ich ihm, einen Brief zu schreiben, in dem er sich auch auf mich berufen könne. Später wurde mir diese Haltung als mangelnde politische Wachsamkeit vorgeworfen.

Auch in einer Begegnung mit Johannes R. Becher verspürte ich die um sich greifende Verunsicherung der Künstler. Vor allem die Verhaftung von Janka hatte J. R. Becher aufgeschreckt. Er hatte am Vortag Walter Ulbricht aufgesucht, um sich mit ihm auszusprechen. Aber dieser hatte ihn einfach hinauskomplimentiert. So kam er verzweifelt zu mir. Er könne diese geistige Drangsalierung weder mitmachen noch ertragen. Er werde emigrieren. Ich fragte ihn: »Wohin willst du denn emigrieren?« Er antwortete: »In die Sowjetunion, denn dort herrscht augenblicklich eine große geistige Freiheit. Dort sei nach dem XX. Parteitag der KPdSU Tauwetterzeit.« Ich beruhigte Becher und riet ihm: »Bleib mal lieber hier. Es ist viel besser, hier zu kämpfen, als in die Sowjetunion zu flüchten.«

Im Mai 1957 besuchte ich eine Reihe von Großbetrieben im Bezirk Frankfurt/Oder. In Eberswalde sprach ich mit den Arbeitern des dortigen Kranwerkes und wertete mit der Parteileitung meinen Besuch aus. Wenige Tage darauf bat mich Walter Ulbricht, abends zu ihm in die Wohnung zu kommen. Wir wohnten ihm schräg gegenüber. Das Gespräch verlief zunächst ruhig. Dann stellte er mir die Frage: »Du bist doch in Eberswalde gewesen?«

»Ja«, erwiderte ich. Er beobachtete mich mit zusammengekniffenen Augen. »Man hat mir nämlich mitgeteilt, daß der Parteisekretär sich lobend über dich ausgesprochen hätte: ›Mit Karl Schirdewan – einer der kommenden Leute – könne man durch dick und dünn gehen und offen über die politische Lage sprechen‹.«

Ruhig fragte ich ihn: »Welche Bedeutung soll das für dich oder für mich haben? Ich kenne diese Äußerungen nicht. Wenn du willst, machen wir eine Gegenüberstellung, damit wir hören, was er wirklich gesagt hat.«

»Das ist nicht nötig«, winkte Ulbricht ab. »Aber ich möchte dir noch etwas anderes sagen. Schreibe im Politbüro nicht so viel mit.«

Meine erstaunte Antwort dazu: »Ich notiere mir solche Fragen, die meine Arbeit betreffen, das, glaube ich, kann ja nicht verboten sein.«

»Ja«, meinte er, »das erweckt aber bei einigen Genossen Mißtrauen, und manche haben schon deine Verhaftung gefordert.«

Ich war bestürzt und fragte: »Wer sind die Genossen?«

»Das kann und werde ich dir nicht sagen.«

»Dann werde ich am morgigen Tag in der Politbürositzung die Frage selbst stellen.«

Ulbricht unterbrach mich barsch: »Das erlaube ich dir nicht. Das hier ist ein persönliches Gespräch, und dabei soll es auch bleiben.«

»Gut«, erwiderte ich, »wir haben verschiedene Auffassungen über die Lehren, die wir aus dem XX. Parteitag der KPdSU für unsere Partei zu ziehen haben. Ich muß aber dieses Gespräch als eine Drohung auffassen, mich mundtot zu machen.«

Als ich nach Haus kam, sah mich meine Frau besorgt an. Ich war sehr erregt und konnte es nicht verbergen. Ich erzählte ihr von diesem Gespräch, über diesen unglaublichen Vorgang. Damit war natürlich unser Mißtrauen gegen die Ulbricht-Honecker-Gruppe gewachsen, wir schlossen eine ständige Beobachtung durch die von Honecker geleitete Abteilung Sicherheit nicht mehr aus.

Im Frühjahr 1957 wurde beim Politbüro eine besondere Kommission zur Verbesserung der Jugendarbeit der Partei gebildet. Als der dafür zuständige Sekretär des ZK wurde ich mit deren Leitung beauftragt. Auf einer der Beratungen dieser Kommission stand ein Dokument über Probleme der weiteren Arbeit der FDJ und ihrer Perspektive zur Diskussion. So hatte z. B. Heinz Keßler in seinem Diskussionsbeitrag auf der 29. Tagung des ZK darauf aufmerksam gemacht, daß die Tätigkeit der GST, des DTSB und der FDJ im Interesse der Jugendlichen besser aufeinander abgestimmt werden müßte.

An dieser Beratung nahmen der Vorsitzende der FDJ, Karl Namokel, Prof. Hans Rodenberg, Hermann Matern als Beauftragter Walter Ulbrichts und einige Mitglieder des Zentralrates der FDJ teil. Ich hatte gegen den Inhalt der Dokumente wegen einer gewissen Enge der Aufgabenstellung einige Einwände. Hermann Matern fand es, so wörtlich, »zu lahmärschig«. Schließlich einigten wir uns über den Inhalt des Dokumentes.

Kurz darauf ging ich in den Sommerurlaub. Ich verbrachte ihn mit meiner Frau in der Sowjetunion. Eines Tages brachte mir ein Betreuer von der Auslandsabteilung des ZK der KPdSU ein Exemplar des »Neuen Deutschland« aus Berlin. Zu meinem größten Erstaunen entdeckte ich darin einen Beschluß des Politbüros der SED über die Verbesserung der Jugendarbeit der Partei. Doch das im »ND« veröffentlichte Dokument unterschied sich wesentlich von dem Papier, das in der Kommission unter meinem Vorsitz beraten worden war. Die politische Grundorientierung des faktisch hinter meinem

Rücken verabschiedeten Dokuments war ein Abgehen von der bisherigen Ausrichtung der FDJ als eine antifaschistisch-demokratische Jugendorganisation auf breiter sozialer Grundlage. Nun sollte daraus in sektiererischer Enge ein Jugendverband werden, inhaltlich streng sozialistisch bzw. kommunistisch ausgerichtet. Das hätte jedoch das breite demokratische Bündnis der organisierten Jugend in der DDR in unverantwortlicher Weise zerstört. In meiner Abwesenheit hatte also Honecker, der auch nach seinem Ausscheiden aus der FDJ seinen politischen Einfluß auf die Jugendorganisation behalten wollte, erreicht, was er wollte, eine doktrinär ausgerichtete Jugendarbeit.

Es gehört zu den tragischen politischen Umständen der damaligen Ereignisse hinter den Kulissen, daß sich die einzelnen Mitglieder und Kandidaten des Politbüros sehr unterschiedlich verhielten. Ich möchte keine Wertung vornehmen, aber feststellen, daß Fred Oelßner mehr oder weniger offen die von mir vertretenen Reformabsichten unterstützte. Auch Otto Grotewohl stimmte mir mehr als die anderen in wichtigen Fragen zu. Aber er stand oft im Zwiespalt der Dinge. Und in entscheidenden Momenten hatte er nicht die innere Kraft, entschieden und konsequent gegen Ulbricht zu handeln; zu sagen, bis hierher und nicht weiter.

Dadurch, daß Gerhard Ziller nur Sekretär des ZK und Ernst Wollweber nur Mitglied des ZK waren, konnten sie mir weniger direkt zur Seite stehen.

Ich hatte auch eine gewisse moralische Unterstützung bei den Botschaftern der UdSSR wie Tulpanow, Semjonow und vor allem zuletzt von Puschkin. Zwischen ihm und mir war eine gute freundschaftliche Beziehung entstanden. Er war auch ein aktiver Mittler zur sowjetischen

Parteiführung über meine Ansichten und Haltung über die sich aus dem XX. Parteitag der KPdSU ergebenden Schlußfolgerungen. Über ihn war Chruschtschow stets informiert.

Im Feuer dogmatischer Kritik

Vom 4. bis 10. Januar 1957 fuhr eine Partei- und Regierungsdelegation der DDR nach Moskau, um die politische Lage nach den Ereignissen 1956 und Probleme der weiteren Entwicklung der DDR auf politischem, ökonomischem und kulturellem Gebiet zu beraten. Für den 6. und 7. Januar 1957 waren Aussprachen zu Fragen der Parteiarbeit vorgesehen. Am Nachmittag des 7. Januar sollte über die Meinungsverschiedenheiten in der Führung der SED gesprochen werden. Am Vormittag des 7. Januar bat Otto Grotewohl um eine Beratung. An ihr nahmen teil: Grotewohl, Ulbricht, Schirdewan, Neumann und Rau. Er informierte, Mikojan hätte mit ihm gesprochen und ihn gefragt, ob es nicht möglich wäre, daß sich das Politbüro der SED untereinander verständigt und die Meinungsverschiedenheiten nicht unbedingt im Politbüro der KPdSU erörtert werden sollten. Sie selbst hätten größere Schwierigkeiten miteinander im Rahmen ihrer verschiedenen Gruppierungen im Politbüro und sie möchten nicht noch durch neue Probleme von unserer Seite her belastet werden. Grotewohl schlug vor, dem Vorschlag Mikojans zu entsprechen. Seiner Meinung nach sollte man unsere Streitigkeiten untereinander ausmachen und zu einem Abschluß kommen. Er sagte: »Legen wir doch den Deckel auf das Faß und damit ist Schluß.« Ulbricht schwieg dazu. Ich trug meine Meinung in dem Sinne vor, daß es natürlich keine Einwände geben könne, wenn wir uns auf eine gemeinsame

Auffassung über die Auswertung des XX. Parteitages in unserer Partei im Sinne einer konsequenteren Umsetzung auf unsere Bedingungen verständigen könnten. Wir einigten uns auf den Vorschlag Grotewohls.

Am Nachmittag fand dann die gemeinsame Sitzung zwischen dem Politbüro der KPdSU und uns statt. Nachdem eine Reihe von Fragen erörtert wurden, sagte Chruschtschow, nun möchten wir doch die Frage ihrer Meinungsverschiedenheiten behandeln. Zuerst ein betretenes Schweigen unsererseits und ein Erstaunen auf der Seite der Vertreter der KPdSU. Wenn ich mich recht erinnere waren da Chruschtschow, Suslow, Puschkin und vielleicht auch Molotow. Das weiß ich jetzt nicht mehr genau.

Chruschtschow schaute sich ganz erstaunt um, und dann sagte Ulbricht: »Wir haben miteinander beraten, wir werden unsere Meinungsverschiedenheiten selbst klären und eine gemeinsame Auffassung erarbeiten.« Wieder Erstaunen von Chruschtschow. Er schaute sich um, schaute Puschkin an, schaute Suslow an, die doch eigentlich etwas davon wissen müßten. Aber niemand wußte etwas davon, wo diese plötzliche Wendung initiiert worden war. Puschkin stellte später die Frage an mich: »Sagen Sie, wie ist das möglich? Wieso ist plötzlich eine solche Wendung eingetreten?«

Ich antwortete ihm: »Das ist wohl unter dem Einfluß des Genossen Mikojan geschehen.

Er schüttelte den Kopf und schwieg.

Heinrich Rau und ich fuhren zusammen zu unserem Quartier. Er meinte: »Siehst du, jetzt wird alles in Ordnung kommen. Die Spannungen werden sich lösen.« Ich sagte ihm: »Ich glaube das nicht, denn, wenn ich die Erklärung von Neumann richtig verstehe, werden die Gegner der Beschlüsse des XX. Parteitages und ihre Anwendung auf unsere Bedingungen zu neuen Maßnahmen übergehen. Du wirst sehen, jetzt geht es erst richtig los.«

Und richtig. Es begann mit neuer Funktionsverteilung zwischen mir und Neumann.

Auf dem 30. Plenum des ZK der SED vom 30. Januar bis 1. Februar 1957 wurde der bis dahin zu mir gehörende Bereich »Leitende Parteiorgane« Alfred Neumann zugeordnet. Ulbricht erklärte mir dazu lapidar: »Karl, du machst ab jetzt nur noch die Kaderarbeit im Sekretariat.« Bekanntlich hatte Erich Honecker in dem von ihm erstatteten Bericht des Politbüros – wie er meinte – eine prinzipielle Auseinandersetzung mit den verschiedenen Spielarten des Revisionismus geführt. Es ist nachzulesen, wie er »ideologisch und theoretisch« alle revisionistischen Thesen zerschlagen und die Generallinie der SED begründet hat.

Es wurde klar, daß mit den nach dem XX. Parteitag der KPdSU auch in der DDR und in der SED entstandenen Überlegungen Schluß gemacht wird. Später wurde kommentiert, daß auf dem 30. Plenum des ZK die Gruppe Schirdewan-Wollweber und andere ideologisch geschlagen wurden, ohne daß ihre Namen genannt worden sind.

Als im August 1957 die sowjetische Partei- und Regierungsdelegation die DDR besuchte, war ich schon etwas isoliert. Trotzdem zog mich Chruschtschow während eines Empfanges ins Gespräch und stellte mir unvermittelt die Frage: »Sagen Sie, Genosse Schirdewan, was ist Ihre Meinung über die SPD?« Ich entgegnete ihm, daß seit 1922 alle meine Erfahrungen in der Gewerkschaft und in der KPD besagen, man kann mit den meisten sozialdemokratischen Mitgliedern sachbezogen vernünftig reden, man kann sogar im kommunalen Bereich gemeinsam handeln. Wenn man jedoch politisch etwas Entscheidendes erreichen will, muß man versuchen, mit führenden Funktionären zu sprechen. Es gäbe da nicht wenige Persönlichkeiten, die bereit wären, mit der Regierung der UdSSR ins Gespräch zu kommen, wenn auch zunächst nicht mehr. Er wollte auch meine Meinung darüber wissen, wie die Beziehungen zur Sozialdemokratie verbessert werden könnten. Ich sagte ihm ganz offen, daß wir aufhören müßten, gegenüber den sozialdemokratischen Arbeiterdelegationen, die wir ab und zu empfangen, als Lehrer aufzutreten. Das war die Art von Ulbricht, mit ihnen umzugehen. Wir müßten aber auf der Basis der Gleichberechtigung mit ihnen sprechen. Nur so würden wir schließlich auch mit der sozialdemokratischen Führung in einen echten Dialog kommen. An ihnen vorbei wäre der Ausbau von politischen Beziehungen zur sozialdemokratischen Bewegung nicht zu machen. Das bewegte Chruschtschow sehr, und er lud mich spontan ein, ihn in Sotschi zu besuchen, wo er sich gerade hinbegeben wollte, um Urlaub zu machen. Aber ich hatte meinen Urlaub schon hinter mir und eine Dienstreise zu Chruschtschow ohne Ulbricht oder an ihm vorbei wäre völlig unmöglich gewesen.

Auf dem 33. Plenum im Oktober 1957 erfolgte der nächste Schlag. Walter Ulbricht rechnete mit weiteren seiner »Kontrahenten« ab. So wurde Paul Wandel, Sekretär des ZK für Kultur, wegen Mängel in der Arbeit seiner Funktion enthoben und Ulbricht verstieg sich in einer sogenannten »Zwischenrede« zur offenen und versteckten Drohung gegen seine Opponenten. Er sagte selbstherrlich: »Ich kann heute kein Schlußwort halten. Ich möchte nur sozusagen eine Zwischenrede halten.

Denn unser Eindruck ist der, daß man in der Diskussion nicht alles ausgesprochen hat, daß man also wahrscheinlich die nächste Sitzung des ZK abwarten muß, bis alles ausgesprochen ist.« Dann fuhr Ulbricht fort: »Bisher waren manche Genossen der Meinung, daß man sozusagen mit dem Regenschirm unter der ganzen Sache wegkomme und eine Selbstkritik umgehen kann. Die jetzige Sitzung des ZK hat gezeigt, daß das mit dem Regenschirm nicht geht... Ich werde jetzt keine Namen nennen. Wenn Namen gewünscht werden, können die Betreffenden meinen Bericht in der nächsten Sitzung des ZK ergänzen.«

Für die bevorstehende Auseinandersetzung auf dem 35. Plenum des ZK der SED bereitete ich mich intensiv vor. Ich wollte auf dieser Tagung des Zentralkomitees meine eigene Sicht der Dinge darlegen, denn schweigen konnte ich nicht länger. Schon mehr als ein Jahr lang war ich nicht mehr vor den Mitgliedern und Kandidaten des ZK aufgetreten. Zuletzt hatte ich auf der 29. Tagung, Ende Dezember 1956, das Wort ergriffen. Hatte ich zu lange gezögert? Hätte ich nicht bereits früher die Auseinandersetzung mit der Ulbricht-Gruppe vor dem Zentralkomitee der Partei suchen sollen? Viele Fragen stellten sich mir in diesem Zusammenhang. So suchte ich Klarheit im Gespräch mit mir eng vertrauten Genossen. Vor allem ein Gedankenaustausch mit Ernst Wollweber war mir sehr wichtig. Da er darüber in seinen Lebenserinnerungen berichtet, möchte ich unser Gespräch aus seiner Sicht wiedergeben:

»Am 11. November 1957 kam Karl Schirdewan zu mir. Ich hatte mir gerade eine Grippe geholt und war schon im Regierungskrankenhaus angemeldet, um mich auszukurieren. Aber Karl Schirdewan machte sein Anliegen

dringend, und obwohl mir sehr elend war, fand eine Be-sprechung statt. Er erinnerte mich daran, daß ich ja wisse, daß er seit dem 30. Plenum in der ZK-Sitzung nicht mehr gesprochen habe, und ich wisse ja auch, daß der Grund dafür seine Differenzen mit Walter Ulbricht seien. Jetzt stünde das 35. Plenum vor der Tür, und da schon aufgefallen sei, daß er im ZK nicht mehr spräche, müsse er sich entscheiden. Entweder er lasse alles lau-fen und man könne ihn dann mit Recht der Passivität und des Versagens als Politbüromitglied beschuldigen und müsse ihn natürlich – und das würde auch zu Recht geschehen – schließlich aus dem Politbüro entfernen, oder er müsse sprechen, und dazu habe er sich ent-schlossen. Aber diese Rede im ZK würde dann eine An-klage gegen Walter Ulbricht werden. Und damit würden alle Probleme aufgerissen. Selbstverständlich müsse man verhindern, daß aus dem Sichtbarwerden der Diffe-renzen die Konterrevolution einen Nutzen ziehen könne. Das sei eine Schwierigkeit, aber die Entwicklung habe für ihn leider das Entweder/Oder gestellt. Er habe mit einer Reihe von Genossen gesprochen. Von mir wolle er nur wissen, ob ich – wenn er im ZK auftreten würde – ihn angreifen, mich zurückhalten oder ihn, wenn auch nur teilweise, unterstützen würde. Er wußte, es gab auch zwischen uns »Meinungsverschiedenheiten«, aber die waren nicht solcherart, daß sich daraus eine Gegensätz-lichkeit entwickelt hätte. Ich erklärte ihm, daß das – ob ich auftreten würde und wie – von dem Verlauf der ZK-Tagung abhängen würde.

Ich fragte ihn, welche Hauptfragen er denn in seiner Rede behandeln wolle. Er teilte mir mit, man könne die Republikflucht nicht mehr bei uns als tabu ansehen. Die Frage entstand, wie komme es, daß viele Arbeiter und

Bauern die Arbeiter-und-Bauern-Macht verlassen? Er werde nachweisen, daß neben dem Hauptgrund der gegnerischen Tätigkeit ein anderer Grund vorhanden ist, der in unserer Politik begründet sei. Er werde nachweisen, daß die Republikflucht gestiegen oder zurückgegangen sei in Abhängigkeit von unseren Beschlüssen. Damit werfe er die Frage auf, ob unsere Politik in allen Teilen richtig sei. Und an dieser Frage werde es zur Gegensätzlichkeit kommen. Er mache sich keine Illusionen. Beim Aufwerfen dieser Frage gäbe es kein Ausweichen mehr, sondern nur Weiterungen.

Das zweite Problem, das er behandeln wolle, sei ein Komplex innerparteilicher Fragen. Es gäbe nur eine formale und keine echte Kollektivität in der Führung. Es würde zwar im Kollektiv viel geredet, aber faktisch lägen alle Entscheidungen bei ihm (gemeint ist Walter Ulbricht) und mitunter würden seine politischen Absichten eher veröffentlicht bzw. der Öffentlichkeit bekanntgegeben, als dem Politbüro. Er habe einen gefährlichen Hang für Alleingänge. Faktisch würden langsam die Beschlüsse des XX. Parteitages der KPdSU liquidiert, und die alten Methoden des persönlichen Regimes würden immer deutlicher. Der Marsch auf dem Weg, vom 30. Plenum begonnen, vom 33. Plenum forciert, werde sich vom 35. Plenum an in noch schnellerem Tempo vollziehen. Es werde damit der V. Parteitag vorbereitet. Er würde gar nicht mehr über die Linie entscheiden, sondern nur über die Fortsetzung und eine Bestätigung der bisherigen Beschlüsse sein. Es werde also, wenn man weiter schweigt, sich gar nichts ändern, sondern nur verschlechtern.

Er rechne sogar damit, daß er wahrscheinlich auf dem 35. Plenum eine Niederlage bekommen werde und daß es für ihn und seine Familie schwer werden könnte. Er sei aber bereit, diese Konsequenzen zu tragen. Es werde sogar zwei oder drei Jahre dauern, bis sich die Schädlichkeit der üblichen Methoden gezeigt habe – und dann werde er rehabilitiert.

Es könne aber auch sein, daß sich seine Absicht und der Wunsch vieler Genossen erfülle. Darüber wollte ich etwas Näheres wissen: Er erklärte, daß die Genossen Ziller und Selbmann seine Position für richtig fänden und unterstützen. Daß einige Genossen Bedenken hätten, wie die Genossen Wandel und Hager. Im Sekretariat sei es faktisch schon so, daß er oft seine Meinung durchsetzen könne. Mit Otto Grotewohl stehe er in einem persönlich guten Verhältnis. Dieser sei allerdings der Meinung, durch die Natur der Dinge – bedingt durch Alter und Gesundheit – würde eine Veränderung eintreten. Das Wichtigste aber sei: der Genosse Puschkin habe mit ihm gesprochen, sich eingehend informiert und ihm mitgeteilt, daß er wisse, daß es Genossen gäbe, die eine Änderung im dem Sinne wünschten, daß er (W.U.) durch ihn, Karl Schirdewan, ersetzt würde. Puschkin halte das auch für das beste. Daraufhin habe er noch mal mit Otto Grotewohl gesprochen und der habe erklärt, er würde gegenüber seinen Auffassungen keine politischen Bedenken äußern und seiner Wahl zum 1. Sekretär nicht entgegentreten, sondern – falls die Dinge günstig laufen – unterstützen. Ich warnte Karl Schirdewan sehr dringend vor Fehleinschätzung...«

Das tragische Schicksal von Gerhard Ziller

Nach einer Vorstandssitzung der Wismut-AG am 9. Dezember 1957 hatte sich noch ein Teil der leitenden Funktionäre zu einem geselligen Beisammensein getroffen. Neben den sowjetischen Vertretern nahmen daran teil Alois Bräutigam, SED-Bezirkssekretär; Ottomar Last, Bezirkschef Wismut der Staatssicherheit; Gerhard Ziller, Sekretär des ZK der SED für Wirtschaft, und Fritz Selbmann, Stellvertretender Vorsitzender des Ministerrates. Bei diesem »Umtrunk« ließen sich Gerhard Ziller und Fritz Selbmann dazu verleiten, interne Dinge über die Situation in der Parteispitze zu »plaudern«.

Durch einen Zufall erfuhr ich von den Dingen. Mein Arbeitszimmer im Haus der Einheit lag in der gleichen Etage, in der auch die Sitzungsräume des Politbüros und des Sekretariats lagen. Am 13. Dezember bemerkte ich, daß die Mitglieder des Politbüros zusammengerufen wurden, nur ich nicht. Auf meine Frage, was dort vor sich gehe, antwortete mir der Sekretär des Politbüros, Otto Schön, verlegen: »Das Politbüro hat eine Besprechung.«

»Und warum bin ich nicht eingeladen?« Er zuckte nur mit den Schultern. Ich ging in den Sitzungssaal und fragte Ulbricht, warum ich zu dieser Beratung nicht eingeladen worden sei. Ebenfalls Verlegenheit, dann redete er sich heraus: »Das sei wohl vergessen worden.«

Ulbricht setzte die Vorfälle in der Wismut-AG vom 9. Dezember 1957 auf die Tagesordnung. Für mich völlig überraschend berichtete er einleitend, daß nach einer Vorstandssitzung bei der Wismut Ziller und Selbmann Äußerungen gemacht hätten, die nun geklärt werden müßten. Er rief dann nacheinander eine Reihe von Genossen in den Sitzungsraum. Unter anderem Alois Bräutigam und den Staatssicherheitschef der Wismut, Last. Diese berichteten, daß Ziller und Selbmann sich in aggressiver Form vornehmlich über Ulbricht und Honecker geäußert hätten, über die Mißstimmung in der Partei, die ihnen große Sorgen bereitete, und daß die Parteiführung sich als unfähig erwies, die wirkliche Lage in der Partei einzuschätzen. Es fielen kritische Worte über Ulbrichts absolutistische Herrschaft, die die Selbständigkeit der Politbüro- und Sekretariatsmitglieder unterdrücke. Es ging um die Mißachtung der Rolle der Kämpfer gegen den Faschismus und um Fragen des Verantwortungsbereiches der Wirtschaft. Ulbricht versuche, unter der Losung des Kampfes gegen den Revisionismus den Neuen Kurs abzubauen. Er verschärfte damit den Gegensatz zu den Anhängern des Neuen Kurses, die diesen nicht als taktisches Element betrachteten, sondern als grundsätzliches, um das Verhältnis zwischen Partei und werktätigem Volk zu verändern. Es ging ihnen um den Umbau der Partei und kritisches Verhalten gegenüber den Ereignissen der fünfziger Jahre. Ziller soll auch gesagt haben, daß Ulbricht Schirdewan in dieser zugespitzten Situation aufgefordert habe, Selbstkritik zu üben. Aber der würde bereits eine Denkschrift ausarbeiten, die eine scharfe Kritik an Ulbricht sei.

Ziller wurde gerufen. Auf die Fragen von Ulbricht und Bräutigam antwortete er: »Ich kann mich an nichts erinnern.« Das gleiche sagte Selbmann. Ulbricht dazu: »Im Weine liegt die Wahrheit.«

»Ja, vielleicht in reinem Wein, aber nicht in gepanschtem,« warf ich ein und protestierte gegen die den Umständen wohl kaum angebrachte Äußerung Walter Ulbrichts und forderte eine Untersuchung der gesamten Ereignisse. Ich war überzeugt, daß sie »alkoholisiert« worden sind, – mit welchen Mitteln auch immer – um ihre Selbstkontrolle zu verlieren.

Alois Bräutigam hielt ich für einen »agent-provocateur«. Einige Wochen vorher war ich auf einer Aktivtagung in Karl-Marx-Stadt. Nach der Veranstaltung wurde ich von ihm und Sepp Wenig zu einem gemütlichen Beisammensein eingeladen, um ausführlich über die »Lage« zu sprechen. Ich empfand diese Einladung als einen offensichtlichen Versuch, mich auszuhorchen. Darum dankte ich höflich und fuhr nach Berlin zurück.

Aus den unvollständigen Aufzeichnungen dieser Sitzung des Politbüros am 13. Dezember 1957 lassen sich nur einige Gesprächsfetzen ermitteln. Bemerkenswert ist, wie Bräutigam und Last, die als Hauptbelastungszeugen auftraten, zu den konkreten Fragen Stellung nahmen.

Schirdewan: »Wie schätzt du den Grad deines Bewußtseins ein? Hast du viel getrunken?«

Last: »Bei Ankunft 150 Gramm Wodka. Dann später noch ein- bis zweimal getrunken. In keiner Weise vom Alkohol getrübt.«

Schirdewan: »Wie ist dein Verhalten zu Ziller zu erklären? Warst du sein Berater oder wie?«

Ulbricht unterbricht: »Diese Frage erst im Politbüro behandeln.«

Schirdewan: »So wie Last hier gesprochen hat, kommt heraus, als ob Ziller mit dem Westen gearbeitet hätte.«

Last: »Nicht einen Gedanken gehabt, daß Ziller mit

134

dem Westen arbeitet. Ziller hätte unüberlegt, impulsiv gehandelt.«

Schirdewan: »Du bist allein zur Überzeugung gekommen, daß man mit Wollweber nicht arbeiten könne, weil er mit Schirdewan arbeite?«... Keine Antwort von Last.

Ziller: »...Nicht einverstanden mit Methoden. Es gäbe keine Kollektivität. Zum Beispiel Wandel, nicht im Sekretariat behandelt. Er lasse sich nicht abschießen wie Wandel...«

In der Frühe des 14. Dezember 1957 rief Jochen Ziller bei uns an: »Mit Vati ist etwas passiert!« Mehr brachte er nicht heraus. Meine Frau Gisela eilte sofort hin. Sie kam ziemlich schnell zurück. Noch atemlos stieß sie hervor: »Gerhard hat sich erschossen.« Wir sahen uns an, unfähig ein Wort zu sagen. Dann überreichte sie mir einen Brief: »Den hat mir Gerda schnell zugesteckt, damit ihn die Staatssicherheit nicht findet. Er ist von Gerhard an Otto Grotewohl. Sie bittet dich, ihn dem Otto zu übergeben. Wir gingen dann zur Genossin Gerda Ziller. Eine ärztliche Kommission unter Leitung von Frau Dr. Wittbrodt war schon anwesend. Fassungslos erzählte uns Gerda Ziller unter Tränen, daß sie nach 6.00 Uhr in die unteren Räume der Wohnung hinuntergegangen war und gesehen habe, was geschehen war.

Gerhard Ziller lag auf dem Sofa. Sein Körper war noch warm. Ich faßte seine Hand an, strich ihm über die Stirn. Damit nahm ich Abschied von meinem Freund und Genossen, mit dem ich viele Gespräche geführt habe – über das Leben, die Demokratisierung und die Zukunft der Partei, über die deutsche Frage. Trauer, Wut und Empörung erfüllten mich. Warum diese Selbstaufgabe?

Otto Grotewohl las den Brief von Gerhard Ziller, den ich ihm gab. Zutiefst erschüttert über das Geschehen sagte er: »Wenn das jetzt nicht reicht, weiß ich auch nicht mehr, wohin unser Weg führen wird.« Daß Ziller nicht an Ulbricht, sondern an Grotewohl geschrieben hatte, kennzeichnet die Situation.

Gerda Ziller hat mir gestattet, den Brief zu veröffentlichen. Er hat folgenden Wortlaut:

»Lieber Genosse Grotewohl! Es ist schwer, das Vertrauen der Genossen zu verlieren. Nach dem, was mir gesagt wurde, muß ich annehmen, daß man glaubt, ich habe mich parteischädigend verhalten. Alles, was ich tat, das tat ich für unsere gemeinsame große Sache, für die Partei. Da ich eine schwere, verantwortliche Arbeit in der Partei leisten mußte, hätte ich auch mehr kollektive Hilfe benötigt. Ich hatte sie aber nicht.

Lang habe ich darüber nachgedacht, was jetzt noch zu tun ist. Es widerspricht mir, kritische Auseinandersetzungen zu führen, die in ihrem Ergebnis die Partei nur schwächen könnten. Ich halte auch nichts von einer Selbstkritik in diesem Fall. Wir stehen einem noch immer mächtigen Feind gegenüber, der schonungslos innere Fehler und Versäumnisse gegen uns nutzt. Außerdem, was man mir vorgeworfen hat, kann ich nicht bestätigen.

Es würde uns allen, der ganzen Partei und unserem sozialistischen Land sehr nützen, wenn wir eine vertrauensvolle, wirklich kollektive Arbeit in der Leitung entwickelten. Das werden wir noch lernen müssen. Da ich das Gefühl der bitteren Einsamkeit und der ohnmächtigen Uneinigkeit nur zu gut seit dem Jahre 1936, als ich von den Nazis aus dem Zuchthaus entlassen wurde, kenne, will ich es nicht noch einmal hinnehmen. Damals

wagten die Freunde nicht mit mir zu sprechen – bis ich
endlich wieder Kontakt hatte und illegal arbeiten konnte.
Jetzt bin ich zu überanstrengt, ich ertrage es nicht, denn
es ist meine Welt, die ich mit erträumt und erkämpft
habe und es sind meine Freunde und meine Genossen,
die sich so verhalten würden.

Also Genossen, verzeiht – die Schuld liegt bei mir.«

Es ist wohl eines der erschütterndsten Dokumente in der
Geschichte unserer Partei. Ziller hatte mir gegenüber
schon früher gesagt, wenn ihn Ulbricht auffordern sollte,
werde er nicht vor dem Zentralkomitee Selbstkritik
üben. Beim Ausschluß von Paul Wandel aus dem Zentralkomitee Oktober 1957 (33. ZK-Plenum) äußerte er
zu mir: »Ich werde wohl der Nächste sein, der dran-
kommt.«

Sein Brief, in dem er um eine wirklich kollektive Führung bat, war ein Aufschrei. Er wußte, daß er von Ulbricht bei der Auswertung des Vorfalles am 11. Dezember in schamloser Weise verleumdet werden würde. Er
war aber nicht bereit, eine Schändung seiner Persönlichkeit, wie sie er im Faschismus erlebt hatte, von seinen
Kampfgenossen hinzunehmen. Er hätte in seinem letzten
Brief auch eine direkte Anklage gegen Ulbricht formulieren können. Daß er es nicht tat, zeugt von seinem hohen Verantwortungsgefühl für die Einheit der Partei und
von seinem anständigen Charakter.

In der Politbürositzung am 14. Dezember 1957 übergab Grotewohl den Brief an Ulbricht, der ihn vorlas. Tie-
fes Schweigen bei allen. Und Ulbricht: »Dann übergeben
wir den Brief dem Archiv.« Nichts weiter. Er schlug vor,
daß Grotewohl und er der Witwe und den beiden Jungen
kondolieren sollten. Als Gerda Ziller Ulbricht fragte:

»Warum mußte das geschehen, was lag gegen ihn vor?«
antwortete Ulbricht völlig unberührt von dem Ereignis:
»Von uns aus brauchte er das nicht zu tun.«

Grotewohl fand Gerda Ziller gegenüber sehr warm-
herzige Worte, die sein Mitgefühl ausdrückten und seine
tiefe Menschlichkeit zeigten.

Grotewohl berichtete mir später, wie bestürzt er über
die Kälte und Gefühllosigkeit Ulbrichts war.

Der Dogmatismus siegt wieder

Auf der 34. Tagung des ZK der SED am 23. November 1957 gab Walter Ulbricht den Bericht über die Beratung der kommunistischen und Arbeiterparteien der sozialistischen Länder vom 14. bis 16. November in Moskau. Sie fand im Anschluß an die Feierlichkeiten zum 40. Jahrestag der Großen Sozialistischen Oktoberrevolution statt.

In Auswertung der Entwicklung der kommunistischen Weltbewegung nach dem XX. Parteitag der KPdSU, wo in vielen europäischen Kommunistischen und Arbeiterparteien neue politische Ideen entstanden waren, wurde auf dieser Beratung nicht mehr der Dogmatismus, sondern der Revisionismus als Hauptgefahr der kommunistischen Bewegung verurteilt.

Ich glaube, daß vor allem die Chinesische Kommunistische Partei auf die Einberufung dieser Konferenz Einfluß genommen und diesen Beschluß durchgesetzt hat. Der vom XX. Parteitag der KPdSU angeprangerte Dogmatismus in der ideologischen Arbeit sollte nicht mehr im Mittelpunkt der Aufmerksamkeit stehen.

Der Beschluß dazu war natürlich eine gewisse Niederlage für Chruschtschow, bedingt durch die Ereignisse in Ungarn und in Polen und auch durch die Reformbewegungen in Kommunistischen Parteien einiger kapitalistischer Länder.

Damit hatte natürlich Walter Ulbricht für seine linksradikale Politik in der DDR freie Bahn.

Ich soll Selbstkritik üben

Anfang Dezember 1957 forderte mich Ulbricht in einer Sitzung des Politbüros auf, eine Selbstkritik zu schreiben, und meine revisionistischen Fehler zu bekennen, die eine Anklage gegen Ulbricht enthielt.

Ich sah mich aber nicht veranlaßt, eine sogenannte bereuende Selbstkritik zu üben. So weise ich vor allem entschieden zurück, daß ich das Politbüro zersetzen wollte und betone vor allem, von meinem Recht einer freien Aussprache im Politbüro Gebrauch gemacht zu haben. Meinungsaustausch ist keine Zersetzung. Teile dieser Stellungnahme sind so gehalten, daß sie möglicherweise auch in einem überwiegend von der politischen Linie Walter Ulbrichts und seiner konservativen Gruppe getragenen Zentralkomitee akzeptiert werden konnten.

Der Leser von heute sollte nicht außer acht lassen, daß die Ereignisse sich vor 36 Jahren abspielten und der politische Sprachgebrauch vom damaligen Stand der Entwicklung in der DDR bestimmt ist.

Auch habe ich einige Geschehnisse aus damaliger Sicht und meiner Kenntnis der Zusammenhänge beurteilt. Darunter auch die Einschätzung der Rolle Wolfgang Harichs.

Vom demokratischen Sozialismus und seiner Denkweise waren wir Reformer noch weit entfernt. Doch möchte ich für uns ein gewisses historisches Verdienst in Anspruch nehmen: dem Linksradikalismus der konservativen Parteiführung unter Walter Ulbricht demokratische Gedanken und Vorschläge für die Entwicklung der SED entgegengesetzt zu haben. In jedem von uns war die Loslösung von den dogmatischen Vorstellungen einer unabdingbaren monolithischen Einheit, des starren demokratischen Zentralismus, der Ablehnung eines demokratischen Parlamentarismus und der absoluten Bejahung der Diktatur des Proletariats ein langwieriger Denkprozeß, vom inneren Widerstreben bis zur öffentlichen Äußerung.

Am 2. Januar 1958 übergab ich meine Stellungnahme dem Leiter des Sekretariats des Politbüros, Otto Schön (siehe Dokument Nr. 4, Seite 184–210).

Wie ich später erfuhr, wurde sie nicht vervielfältigt, sondern im »Umlauf« den Mitgliedern des Politbüros zur Kenntnis gegeben. Entgegen dem Statut wurde sie auch nicht den Mitgliedern des Zentralkomitees übermittelt.

Bereits im Dezember 1957 wollte die Ulbricht-Gruppe endgültig mit dem »Revisionismus« in der DDR abrechnen und vor allem auch aus den Führungsgremien der SED entfernen. In dazu vorher geführten Konsultationen mit dem Politbüro der KPdSU wurde aber kein Einverständnis erzielt. So beschloß das Politbüro am 11. Januar 1958, das Präsidium des ZK der KPdSU zu ersuchen, eine Delegation des Politbüros des ZK der SED möglichst bald zu empfangen. Der Delegation sollten angehören Ulbricht, Grotewohl, Matern, Stoph, Ebert und Neumann. Die Teilnahme von Schirdewan und Oelßner wurde abgelehnt.

Laut Protokoll dieser Politbürositzung wurde dann beantragt: Bei den Besprechungen mit Mitgliedern des Präsidiums des ZK der KPdSU mitzuteilen, das Politbüro des ZK der SED hat die Absicht, dem ZK der SED vorzuschlagen: Genosse Karl Schirdewan wird seiner Funktion als einer der Sekretäre des ZK der SED enthoben, da er versucht hat, die Parteiführung zu zersetzen. Für diesen Antrag stimmten 10 Genossen, dagegen stimmten die Genossen Schirdewan, Oelßner und auch Genosse Grotewohl. (Siehe Dokument Nr. 5, Seite 211–216)

In den letzten Tagen des Januars wurde die Delegation in Moskau empfangen. Wie Grotewohl mir später sagte, hat man sie in Moskau zuerst warten lassen. Ihnen wurde erklärt, daß die Mitglieder des Politbüros der KPdSU vorher noch eine Reihe anderer Probleme zu beraten hätten. Am nächsten Tag fand die Aussprache statt. Chruschtschow habe erklärt, daß sie nach wie vor auf dem Standpunkt stehen, daß Schirdewan ein Sekretär des ZK bleiben solle. (Wie ich später erfuhr, hat Grotewohl dieser Meinung Chruschtschows ausdrücklich zugestimmt).

Da aber im Ergebnis des XX. Parteitages das Politbüro der KPdSU einen Beschluß gefaßt hatte, daß jede Partei die volle Verantwortung für ihre Entscheidungen selbst trägt und Einmischungen von außen nicht mehr stattfinden sollen, könnten sie sich nicht ausschlaggebend in die inneren Angelegenheiten der SED einmischen. Daher kam am Ende der Diskussion ein Kompromiß zustande: Ich solle Mitglied des ZK bleiben. Chruschtschow sagte: »Sie haben die Verantwortung, aber ich erkläre nochmals, für uns ist Genosse Schirdewan ein guter Kommunist. Er wird seinen Weg schon gehen.«

In Auswertung dieser Konsultation in Moskau wurde auf der Politbürositzung am 31. Januar beschlossen, bis zur 35. Tagung des ZK meine Funktion ruhen zu lassen. Am 1. Februar tagte das Politbüro erneut und beschloß, dem Zentralkomitee vorzuschlagen, Genosse Karl Schirdewan wird wegen Fraktionstätigkeit seiner Funktionen als Mitglied des Politbüros und als Sekretär des Zentralkomitees enthoben und erhält eine strenge Rüge.

Am 3. Februar begann die 35. Tagung des ZK der SED. Gestützt auf Walter Ulbricht holte Erich Honecker nunmehr zum großen Schlag der konservativen Gruppe des Politbüros gegen die »Revisionisten« aus. Mitglieder des Zentralkomitees wurden auf Ulbrichts Rachefeldzug eingeschworen. Die sich dafür engagierten, versuchten immer wieder zu beweisen, daß es sich um eine Fraktion handelt. Es kam zu Verleumdungen, Verzerrungen, Schmähungen, ja, zu Erniedrigung der angegriffenen Persönlichkeiten. Eine politische Dekadenz breitete sich aus. Es war wie eine Inquisition aus dem Mittelalter. Die politische Unkultur, wie sie wohl so niemals in der Parteigeschichte stattgefunden hatte, wucherte bis zum Exzeß.

Wir verteidigten uns. Wir haben auch im Verlauf der Diskussion halbherzige Selbstkritik geübt. Ich habe besonders auf Bitten von Grotewohl einige Kompromisse gemacht, um nicht das Letzte zu verlieren und auch um ihn zu schützen.

Ich war seit frühester Jugend in der revolutionären Arbeiterbewegung, aber einer solchen Feindseligkeit aus den eigenen Reihen war ich noch nicht begegnet. Und das machte mir schwer zu schaffen. Die nervlichen Spannungen, unter denen ich stand, sind kaum nachvollziehbar: Ich werde zum Konterrevolutionär, zum Parteifeind, zum Staatsfeind erklärt.

Ich habe nicht eine Sekunde gezögert, mein Leben im Kampf gegen den deutschen Faschismus einzusetzen, in den Händen der Gestapo Folterungen zu ertragen. Meine innere Haltung: Überleben ohne Verrat. Leben mit Verrat meiner Kameraden, nein, dann lieber den Tod, wenn es sein muß.

Für die junge Generation mag es unverständlich sein, daß viele Genossen in solch einer Situation ihre Überzeugungen abgeschwächt oder sogar widerrufen haben.

Auf dem 35. Plenum zeigte sich der Dogmatismus in einer schädlichen Form. Und diese Art des Umgangs mit anderen Meinungen ist auch einer der tiefen Gründe, in welches Unglück die sogenannte Pflicht zur monolithischen Einheit führt. Wie die Geschichte zeigte, kann diese Starrheit sogar zum Verbrechen führen. Ich denke nur an die Hinrichtungen von international bekannten Persönlichkeiten, Bucharin, Sinowjew, Kamenew und viele, viele andere. Unter Lenins Führung konnten sie noch entsprechend den Regeln der alten Sozialdemokratie ihre Meinung untereinander frei darlegen, ohne physische Konsequenzen befürchten zu müssen. Aber unter Stalin wurden sie dem Henker übergeben.

Das gleiche Schicksal erlitten deutsche kommunistische Funktionäre wie Hugo Eberlein, Leo Flieg, Herrmann Remmele, Heinz Neumann und unzählige andere.

Als politische Unperson abgeschoben und erniedrigt

Nach meinem Ausschluß aus dem Zentralkomitee begann gegen mich und meine Familie ein wahres politisches Kesseltreiben. Offensichtlich von der Parteiführung direkt oder über die entsprechenden Organe des Ministeriums für Staatssicherheit, durch Erich Mielke, in Szene gesetzt, erfolgten bei den verschiedensten Gelegenheiten Diffamierungen oder Erniedrigungen.

So gab das Büro des Politbüros als parteiinternes Material einen vom Zentralkomitee der SED an alle Grundorganisationen gerichteten und von Walter Ulbricht unterschriebenen Brief »Über Fragen des 35. Plenums des ZK« heraus. Er war in den Mitgliederversammlungen aller Grundorganisationen zu verlesen, um daraus die entsprechenden Schlußfolgerungen für die künftige Partei- und Massenarbeit der Grundorganisationen zu ziehen. Es heißt darin: »Die opportunistische Politik der fraktionellen Gruppierung Schirdewan, Wollweber und andere war eine große Gefahr für die DDR…«

Es wurde nicht nur mit Schirdewan und Wollweber, Selbmann, Oelßner, Wandel, sondern auch mit namentlich nicht genannten Ministern, Wirtschafts- und Kulturfunktionären abgerechnet. Auf diese Weise wurden alle Funktionäre und Parteimitglieder gewarnt, von der Generallinie der Partei abzuweichen.

Gleichzeitig waren damit alle aufgefordert, ihre Beziehungen zu dem genannten Personenkreis zu überprüfen.

Meine Familie bekam das bald zu spüren. Wir wohnten nach meinem Ausschluß aus dem Zentralkomitee allgemein isoliert noch einige Wochen im Pankower »Städtchen«. Ich wurde auf der Straße nicht mehr beachtet, und meine Frau erlebte, wenn ihr die Ehefrau eines anderen Funktionärs begegnete, wie diese überlegte, ob sie zurückgrüßen sollte, viele wechselten auf die andere Straßenseite. Sie hatten Angst, der politischen Karriere ihrer Ehemänner zu schaden.

Auf der ersten Versammlung der Wohnparteiorganisation, der meine Frau angehörte, wurde sie gefragt, wie sie zu ihrem Mann stehe, wie sie sein Verhalten beurteile usw. Nun hatte ich sie schon vorher auf eine solche Situation vorbereitet und ihr geraten, einfach zu sagen, sie stehe auf dem Boden des demokratischen Zentralismus, das heißt, da die Mehrheit beschlossen hat, habe sie zur Sache nichts mehr zu sagen. Daran hat sie sich gehalten. Zutiefst betroffen kam sie nach Hause und erzählte: »Man redete auf mich ein, ich spürte die Forderung, daß ich mich gegen meinen Mann wenden, ihn sogar verlassen solle.«

Meine älteste Tochter Rosemarie und mein Sohn Alexander besuchten damals die Wilhelm-Pieck-Schule in Pankow. Bereits einen Tag nach der Veröffentlichung des Kommuniques der 35. Tagung des Zentralkomitees verkündete die Klassenlehrerin vor den Mitschülern meiner Tochter, daß ich ein Parteifeind und Konterrevolutionär sei. Allerdings hat diese Lehrerin dann später zu meiner Tochter gesagt: »Du kannst ja nichts dafür, aber ich war verpflichtet, vor der Klasse das zu sagen, was für ein Mensch dein Vater sei.«

Der Direktor der Schule, Günther Mielis, war nicht bereit, eine »Ergebenheitserklärung« gegenüber der Parteiführung zu unterschreiben. Er habe mich als einen Vater

146

kennengelernt, der sich für die Schulinteressen einsetze, zu meiner politischen Verurteilung könne er sich nicht äußern, aber die Diffamierungen gegen mich wies er entschieden zurück. Daraufhin wurde er als Direktor der Schule abgelöst, mußte Berlin verlassen. Nach langem Bemühen hat er schließlich im Süden der DDR in der Holzindustrie eine Beschäftigung als Arbeiter gefunden. Erst nach der Wende haben wir von ihm selbst sein Schicksal erfahren.

Meine Frau konnte in Potsdam eine Arbeit an der Filmhochschule aufnehmen. Als sie nach einiger Zeit zur Vorsitzenden der Betriebsgewerkschaftsorganisation gewählt worden war, wurde die Wahl im nachhinein von dem verantwortlichen Kulturfunktionär in der SED-Bezirksleitung gegenüber der Gewerkschaftsleitung mit den Worten beanstandet: »Konntet ihr das nicht verhindern?«

Gemeinsam mit meiner Frau und auch in zunehmendem Maße mit meinen immer urteilsfähiger werdenden Kindern mußte ich mich gegen eine in den verschiedensten Formen auftretende Sippenhaft gegenüber meiner Familie und gegen meine politische Diskriminierung zur Wehr setzen.

Einige Tage nach dem 35. Plenum besuchten uns Otto Grotewohl und seine Frau. Wir wohnten noch im Majakowski-Ring. Im Verlaufe unserer Unterhaltung sprach Otto Grotewohl darüber, daß man beabsichtige, mich als Direktor der DEFA einzusetzen. Ich sagte ihm, daß ich einen solchen Vorschlag unter keinen Umständen akzeptieren werde. Ich könne auch im Interesse der Menschen – der Wissenschaftler, der Künstler – dort nicht arbeiten, das würde sie der Belastung aussetzen, in meiner Gegenwart sozusagen Erklärungen abgeben zu müssen über meinen »Revisionismus« und über die Größe Ulbrichts, über die Unfehlbarkeit der Partei usw. Ich betonte, daß ich einen solchen Einsatz kategorisch ablehnen werde. Beim Abschied sagte Grotewohl sozusagen beruhigend zu mir, daß die Westpresse sehr viel über mich und meine Verurteilung durch das 35. Plenum berichten würde. Er glaube, daß sich die Angelegenheit bei uns in kurzer Zeit erledigen würde. Welch einer Täuschung gab er sich hin. Bekanntlich dauerte es viele Jahre. Ich blieb nicht vergessen, weder in der Geschichte noch in der aktuellen Politik, weder von der Parteispitze noch von vielen ehemaligen Kampfgefährten, Freunden und Mitgliedern der Partei.

Anfang März wurde ich von Alfred Neumann in das Zentralkomitee gerufen. Er teilte mir mit: »Du sollst Leiter der Staatlichen Archive in Potsdam werden und so schnell wie möglich umziehen. Wir bereiten das vor.« Ich hatte keine Einwände, denn Geschichte lag mir immer. Akten können sehr interessant sein und auch die internen Zusammenhänge, die sie uns möglicherweise eröffnen. Ich sagte also nicht nein. Mein Vorschlag, mir und meiner Familie eine Mietwohnung zu geben, wurde abgelehnt. Man wollte mich offensichtlich nicht unter die Leute bringen, sondern in einem einzeln stehenden Haus gewissermaßen isolieren und dadurch auch genügend Voraussetzungen für die Überwachung meiner Kontakte und überhaupt für die allgemeine Beobachtung meiner Person schaffen.

Da ich durch die geistigen und seelischen Anspannungen und Erregungen in dieser Zeit gesundheitlich sehr angeschlagen war, mußte ich einige Tage zur medizinischen Behandlung ins damalige Polizei-Krankenhaus in der Berliner Scharnhorststraße. Dort befand sich zur gleichen Zeit Herbert Warnke. Ich erfuhr, daß er mit der Vorbereitung des für Juni 1958 einberufenen V. Parteitages der SED, insbesondere mit der Erarbeitung des Rechenschaftsberichtes des Zentralkomitees an die Delegierten, befaßt war. Da mich verständlicherweise die Frage stark beschäftigte, wie unsere Auseinandersetzungen mit Ulbricht und seinen Leuten auf dem Parteitag dargestellt werden würden, erkundigte ich mich danach. Warnke versuchte mich zu beruhigen: »Mach dir keine Sorgen, Karl, es wird nichts Besonderes über euch im Bericht drinstehen.« Doch Warnke irrte sich gründlich. Offenbar wurden die Teile des in Ausarbeitung befindlichen Rechenschaftsberichts, in denen auf uns eingegangen wurde, von Ulbricht zurückgehalten, und der Gewerkschaftsvorsitzende war darüber nicht informiert. So verlangten Honecker und Neumann im Auftrage Ulbrichts von mir eine selbstkritische Erklärung, die vor den Delegierten des V. Parteitages verlesen werden sollte. Da die von mir formulierte Stellungnahme nicht ihren Vorstellungen entsprach, wurde sie zurückgewiesen. Auf dem Parteitag wurde lediglich mitgeteilt, daß es eine Erklärung von Schirdewan gebe, diese jedoch unbefriedigend und daher abgelehnt worden sei.

Am 1. April 1958 begann ich meine Tätigkeit als Leiter der Staatlichen Archivverwaltung. Meine Mitarbeiter brachten mir Achtung entgegen, ließen sich niemals von den gegen mich bestehenden politischen Vorwürfen beeinflussen. Sie achteten meine Auffassungen und Entscheidungen zur Organisation der Arbeit. Ich war zwar in einer Parteigruppe der Dienststelle organisiert, habe mich dort aber kaum geäußert. Was sollte ich auch sagen?

Am 10. Mai 1958 zogen wir in das uns zugewiesene

Haus in Potsdam. Es lag ziemlich abgeschieden, nahe der Glienicker Brücke. Durch den über mich verhängten politischen Bannspruch der SED-Führung und die Beobachtung durch Stasi-Leute strebte man eine fast völlige Isolierung meines Lebens in Potsdam an. Das Grundstück wurde die ersten Monate intensiv bewacht. Es tauchten Leute auf, bei denen ganz eindeutig war, daß sie zur Staatssicherheit gehörten. Sie stellten sich mit Angeln an den Hasengraben hinter unserem Haus. Soviel Fische konnte es gar nicht geben, wie Angler dort standen.

Vielleicht hoffte Ulbricht, daß ich angesichts der Hetze, die überall gegen mich verbreitet wurde, die Nerven verliere und nach Westberlin flüchten würde. Die Möglichkeiten waren ja bis 1961 gegeben. Er hätte dann endlich den Beweis gehabt, mich als Verräter verleumden zu können.

Freunde, die sich Sorgen um mein weiteres Schicksal machten, schlugen mir sogar vor, die DDR zu verlassen. Aber meine Frau und ich waren fest entschlossen, in der DDR zu bleiben, alle denkbaren Konsequenzen durchzustehen. Sollte ich verhaftet werden – und wir mußten damit rechnen –, würde sich meine Frau an die internationale Öffentlichkeit wenden.

Es ist verständlich, daß sich mein Freundes- und Bekanntenkreis sehr veränderte. Manche Freunde zogen sich zurück, mieden oder verleumdeten mich sogar. Die meisten hielten weiter zu mir, besonders meine Kameraden aus dem antifaschistischen Widerstandskampf. Doch auch viele andere grüßten mich freundlich bei dieser oder jener Gelegenheit, ließen mich ihre Sympathien spüren – oft genügte dazu ein Händedruck.

Es würde zu weit führen, alle gegen mich gerichteten

Diffamierungen anzuführen. Nur einige Beispiele: Bereits am 24. Februar 1958 forderte man mich strikt auf, mein Mandat in der Volkskammer niederzulegen. Ich sollte alle Unterlagen dem Sekretariat zustellen.

Im November 1958 lud man mich zur Verleihung der Ehrendoktorwürde an meinen Vorgänger im Archivamt, Otto Meier, ein. Die Parteileitung der Martin-Luther-Universität Halle mußte mich »in Übereinstimmung mit Genossen des Zentralkomitees« wieder ausladen. Wie ich erfuhr, seien mir geltende Sympathieäußerungen von Studenten befürchtet worden.

Erhielt ich aufgrund meiner Funktion im Archivwesen eine Einladung zum internationalen Archivtag, mußte ich immer einen Stellvertreter schicken. Ich durfte selbst auch nicht publizieren.

Selbstverständlich wurden meine beruflichen und privaten Verbindungen observiert, fast regelmäßig besuchten mich freundliche Menschen, um sich nach meinem »Wohlergehen zu erkundigen«, wie ich so lebe, dabei sahen sie sich interessiert im Wohn- und Arbeitszimmer um.

Auch meine Telefonate wurden abgehört. Etwa eine Woche lang klingelte nachts regelmäßig das Telefon. Wenn ich abnahm, hörte ich, wie offensichtlich irgendwer berichtete, daß sie dieses oder jenes Auto verfolgen und da und dort Personen ein- oder ausgestiegen seien. Mir wurde schnell klar, was eigentlich dahintersteckt: Anrufe an die direkte Nummer einer Stasizentrale kamen bei mir an. Dem Abhördienst mußte ein technischer Schaltfehler unterlaufen sein. Das Spielchen wurde mir schließlich zuviel. Nach acht Tagen teilte ich dem damaligen Stasi-Bezirkschef mit, daß irgend etwas nicht stimme. Er war zutiefst erschrocken und veranlaßte, daß ich von der Post für meinen Telefonanschluß eine neue Nummer erhielt.

1959 forderte mich Hermann Matern auf, eine weitere Selbstkritik zu meinem »revisionistischen« Verhalten abzugeben. Falls ich mich dazu nicht bereit erkläre, sei eine strafrechtliche Verfolgung nicht auszuschließen. Er machte dazu eine entsprechende Handbewegung. Tagelang habe ich mich mit meiner Frau beraten, ob ich diese Erklärung abgeben sollte. Da waren unsere vier Kinder, im Alter von vier bis vierzehn Jahren. Im Interesse meiner Familie entschloß ich mich dazu. Meine Ausarbeitung wurde dann im »Neuen Weg«, Funktionärsorgan des ZK der SED, veröffentlicht.

In der Staatlichen Archivverwaltung hatte sich im Laufe der Zeit ein gutes Verhältnis zwischen mir und den Mitarbeitern entwickelt. Im September 1961 wurde ich von der Gewerkschaftsleitung zur Auszeichnung am 7. Oktober, dem Tag der Republik, als »Verdienter Aktivist« vorgeschlagen. Generalmajor Wenzel, Stellvertreter des Innenministers und verantwortlich für diesen Bereich, hatte den Vorschlag befürwortend weitergeleitet.

Wie ich später den Personalunterlagen entnehmen konnte, hatte sich mit diesem Vorgang der Zentralvorstand der Gewerkschaft Wissenschaft und auch Kurt Hager beschäftigt. Letztendlich wurde mit einem Schreiben aus dem Büro Ulbricht vom 19. September 1961 der Gewerkschaftsleitung ein ablehnender Bescheid übersandt, in dem empört festgestellt wurde, wie man einen solchen Vorschlag überhaupt machen könne. »Die Bevölkerung der DDR würde es überhaupt nicht verstehen, wenn man diesen Mann auszeichnen würde.«

Im November 1961, auf dem 14. Plenum des ZK, wurde ich erneut massiv angegriffen. Ich vermute, daß dafür zwei Gründe ausschlaggebend waren. Zum einen: durch den Vorschlag für meine Auszeichnung war offenbar geworden, daß die Sache Schirdewan im Land noch nicht abgeschlossen war. Zum anderen: im Oktober 1961 hatte der XXII. Parteitag der KPdSU im Zusammenhang mit der Verkündung des »Programms zum Aufbau des Kommunismus« erneut in sehr scharfer Form gegen die mit dem Stalinschen Personenkult zusammenhängenden Verbrechen und terroristischen Methoden Stellung bezogen, die persönliche Willkür Stalins angeprangert. Das 14. Plenum beschäftigte sich mit der Auswertung des XXII. Parteitages der KPdSU, milderte aber die dort erfolgte Abrechnung mit Stalin. So nutzte Walter Ulbricht die Gelegenheit, mich erneut als »Fraktionsmacher« und die Entwicklung hemmenden »Revisionist« anzuklagen und dafür verantwortlich zu machen, daß sich »Spionage- und Agentengruppen« in der DDR haben breitmachen können. Er versuchte zwischen mir und den von der Staatssicherheit verhafteten Karl Raddatz und Heinz Brandt eine Verbindung zu knüpfen. Karl Raddatz wurde unter Druck gesetzt, endlich über die Gespräche mit Schirdewan auszusagen, zumal alles bekannt sei, denn Schirdewan wäre schon verhaftet. Karl Raddatz erzählte mir das nach seiner Freilassung.

Für mich besteht kein Zweifel, daß in dieser Zeit von Ulbricht versucht worden war, meine Angelegenheit endlich zu »bereinigen«. Er hatte den Bau der Mauer in Berlin und die Sicherung der Grenzen um die DDR durchgesetzt und wollte seinen ultralinken Kurs zur »Stärkung des Sozialismus« ungehemmt fortsetzen. So wurde angewiesen, im Geschichts- und Staatsbürgerkundeunterricht sowie im gesellschaftlichen Grundstudium

153

an Universitäten, Hoch- und Fachschulen an die revisionistische Fraktion Schirdewan/Wollweber und andere zu erinnern, um deren »feindliche« Tätigkeit anzuprangern. Es gibt sogar betriebsgeschichtliche Darlegungen aus Großbetrieben wie Leuna und Buna, in denen über Säuberung vom »Schirdewanismus«, wie man das damals nannte, berichtet wurde. Auch wurden tausende von Parteifunktionären gemaßregelt. Auf bestimmten Ebenen erfolgte die Absetzung bzw. Herabsetzung nicht »liniengetreuer« Funktionäre. Das sind Tatsachen, die bisher nicht aufgearbeitet worden sind. 1965 wurde ich von meiner Funktion als Leiter der staatlichen Archivverwaltung entbunden. Diese Absetzung entsprach durchaus der Linie Ulbrichts und Honeckers, mich noch weiter öffentlich zu isolieren. Komplizierte politische Entwicklungen, die sich außerhalb der DDR abspielten, lagen dem zugrunde.

Chruschtschow hatte im Jahre 1964 eine diplomatische Initiative mit dem erklärten Ziel eingeleitet, eine umfassende Verbesserung der Beziehungen der Sowjetunion zu Westdeutschland zu erreichen. Adenauer war ein Jahr zuvor als Bundeskanzler zurückgetreten und mit seinem Nachfolger Erhard glaubte Chruschtschow den politischen Durchbruch erreichen zu können. Er schickte seinen Schwiegersohn Adschubej, der damals Chefredakteur der Regierungszeitung »Iswestija« war, zu mehr oder weniger diskreten Sondierungsgesprächen mit maßgeblichen Politikern nach Bonn. Bei einem günstigen Ausgang dieser Reise wollte Chruschtschow selbst zu einem ersten offiziellen Besuch an den Rhein kommen und damit endlich Adenauers Moskau-Visite vom Herbst 1955 erwidern. Adschubej, immerhin auch Mitglied des Zentralkomitees der KPdSU, muß sich in Bonn bei seinen Gesprächen – ungeschickt oder unvorsichtig sehr weit vorgewagt haben. So wurde in der internationalen Presse berichtet, er hätte für den Fall der Normalisierung der Beziehungen die Mauer in der DDR zur Disposition gestellt sowie weiterhin erklärt, das »Problem Ulbricht« würde sich von selbst erledigen. Für eine solche Deutschlandpolitik halte sich der Kreml unter Chruschtschow eine neue SED-Parteiführung in Reserve.

Doch dazu wollte Ulbricht es nicht noch einmal kommen lassen. Chruschtschows Sohn Sergej berichtet in seinen Erinnerungen »Nikita Chruschtschow, Marionette des KGB oder Vater der Perestroika«, (München 1991, Bertelsmann Verlag, S. 162), daß die anderen sozialistischen Staaten, aber besonders die DDR, die Reise seines Schwagers Adschubej argwöhnisch beobachtet hatten. Die Geheimdienste seien eingesetzt worden, um interne Informationen zu erlangen oder sogar Provokationen in Bonn anzuzetteln. Auf jeden Fall schadeten Chruschtschow die Gerüchte über Adschubejs Bonner Aktivitäten erheblich und boten seinen innerparteilichen Gegnern die Gelegenheit, ihn anzugreifen. Interessant ist, daß etwa eine Woche vor Chruschtschows Absetzung Breshnew in Berlin weilte und Gespräche mit Ulbricht führte. Die weiteren Ereignisse sind bekannt: Es gab keine neue Westpolitik der Sowjetunion, sondern ausschließlich eine Festigung der Beziehungen zur DDR. Die Unterzeichnung eines neuen Freundschaftsvertrages während des Besuches von Ulbricht im Sommer 1964 in Moskau, also in der Phase der unmittelbaren Vorbereitungen der »Palast-Verschwörung« im Kreml gegen Chruschtschow, war dafür sichtbarer Ausdruck. Dieser Freundschaftsvertrag ersetzte den bis dahin gültigen

Staatsvertrag zwischen der UdSSR und der DDR von 1955.

Meine Arbeit, die ich zur Entwicklung des staatlichen Archivwesens der DDR leistete, hatte inzwischen nicht nur in der Sowjetunion, sondern auch in westlichen Fachkreisen internationale Aufmerksamkeit gefunden. Dem mußte entgegengewirkt werden, damit mein Name endlich aus der Öffentlichkeit verschwand. Eine Kontrollkommission sollte meine Tätigkeit überprüfen. Die Untersuchung führte eine Kommission der Sicherheitsabteilung des Zentralkomitees unter Admiral Wansierski durch, die Erich Honecker unterstand. In den Gesprächen mit mir gelang es der Kommission nicht, in einem gezielten Frage- und Antwortspiel meine »Unfähigkeit« nachzuweisen.

Jeder einzelne Mitarbeiter wurde befragt. Einige redeten verängstigt den Kontrolleuren zum Munde. Die Mehrheit der Mitarbeiter der Staatlichen Archivverwaltung und die Archivare sprachen sich für mich aus und wandten sich gegen die Entscheidung. Die ganze Sache war äußerst dramatisch. Da die Parteiorganisation dem negativ formulierten Kontrollbericht widersprach und gegen meine Absetzung war, wurde sie unter Druck gesetzt, in dem man ihr entgegenhielt, die Entscheidung, mich abzulösen, sei von »allerhöchster Stelle« beschlossen worden.

Ich wurde zum damaligen Innenminister Dickel gebeten. Er teilte mir mit, daß man ihm einen Bericht vom Zentralkomitee übergeben hätte, worin verschiedene Vorwürfe gegen mich erhoben werden, darunter auch von Parteimitgliedern. Er habe den Auftrag, meine Abberufung einzuleiten. Auf meine Frage: »Kann ich diesen Bericht lesen?« antwortete er, »Nein, das ist auch gar nicht notwendig.« Mir wurde klar, daß die von Ulbricht und Honecker so energisch betriebene Ablösung als Leiter der Staatlichen Archivverwaltung der DDR in Potsdam ein durchsichtiger Vorwand war, mich noch weiter herabzuwürdigen.

Nach der Wende fand ich in meiner Personalakte im Parteiarchiv eine von Erich Honecker unterschriebene Hausmitteilung vom 29. April 1965, die an Walter Ulbricht gerichtet war. Er berichtete darin über das Ergebnis der durch seine Arbeitsgruppe erfolgten Untersuchung gegen mich: S. habe die Arbeit mit den Menschen grob vernachlässigt, ungenügend Initiativen entwickelt, um die Arbeit im Archivwesen so zu organisieren, wie es den Beschlüssen der Partei entspricht. Die Ablösung von S. sei eingeleitet.

Nach meiner Absetzung durfte ich weiter als freier wissenschaftlicher Mitarbeiter tätig sein. Es sollte offensichtlich vermieden werden, daß ich als Arbeitsloser aus politischen Gründen öffentliche Aufmerksamkeit errege. In der Tat erhielt ich hin und wieder diesen oder jenen Auftrag. Aber ich hatte noch keine Ruhe.

1966 erschien der Band 8 (Zeitraum 1956 bis Anfang 1963) der »Geschichte der deutschen Arbeiterbewegung«. Darin erfolgte in alter Weise meine »historische Einordnung«: Die Politik der opportunistischen Gruppe Schirdewan war eine große Gefahr für die DDR. Sie hätte den feindlichen Kräften in der DDR Tür und Tor geöffnet. Ihre revisionistischen Angriffe gegen die Generallinie der Partei in Grundfragen des sozialistischen Aufbaus und der nationalen Politik galten der Zerstörung der marxistisch-leninistischen Einheit und Geschlossenheit der Partei und ihres leitenden Kollektivs, um die Führung der SED und des Staates an sich zu reißen.

Diese Geschichtsklitterung wurde zur Pflichtliteratur an den Parteischulen aller Ebenen sowie an Hoch- und Fachschulen erklärt. Die revisionistische »Gruppe Schirdewan« mußte immer wieder als politisches Schreckgespenst herhalten, um den dogmatischen und erstarrten Führungsanspruch der SED und die Machtkonzentration an ihrer Spitze zu sichern.

Versuche von Anbiederung oder Versöhnung?

Die mit dem VIII. Parteitag der SED 1971 erfolgte Ablösung Walter Ulbrichts durch Erich Honecker brachte nicht die Lösung der bestehenden und neu hinzukommenden innerpolitischen Probleme, gegen die viele alternativ denkende Persönlichkeiten auftraten. Ich denke dabei an Rudolf Bahro und besonders an Robert Havemann. Außerdem weiß ich, daß nach wie vor eine ganze Reihe leitender Parteifunktionäre sich für mich einsetzten, mich auch im gewissen Sinne schützten, soweit sie es konnten. Sie haben immer wieder versucht, mich auf irgendeine Art in der Öffentlichkeit in Erinnerung zu bringen, und sei es durch Vorschläge für eine Auszeichnung. Der Druck auf den SED-Chef war also da. So erkläre ich mir auch die staatlichen Auszeichnungen, die ich seit 1977 verliehen bekam: die Ehrenspange zum VVO, den Vaterländischen Verdienstorden, den Orden Stern der Völkerfreundschaft. Die beiden letzteren ohne materielle Zuwendung. Zu meinem achtzigsten Geburtstag wurde vom 1. Sekretär der SED-Bezirksleitung Potsdam, Günther Jahn, vorgeschlagen, mich als antifaschistischen Widerstandskämpfer mit dem Karl-Marx-Orden auszuzeichnen. Das wurde durch Erich Honecker abgelehnt, weil ich keine Änderung meiner politischen Position erkennen ließe.

Meine Auszeichnungen dienten dazu, die Mitglieder der Partei zu beruhigen und der Öffentlichkeit zu zeigen: seht, selbst zu einem »Feind« sind wir objektiv, zeigen

Konzilianz, letztendlich war er Antifaschist. Die Westpresse hat das stets aufgegriffen und ausführlich kommentiert. Dabei wurde spekuliert: Ist das nun die Aussöhnung? Aber es war niemals die Aussöhnung, sondern nur ein Manöver. Ein notgedrungenes noch dazu, denn in zunehmendem Maße wurde in der Partei und unter den Werktätigen die Frage aufgeworfen, ob die Vorstellungen zur gesellschaftlichen Entwicklung und die Warnungen vor unbedachten Schritten von Schirdewan und den anderen »Revisionisten« nicht doch zurecht bestanden hätten.

Als einen Versuch der Anbiederung sehe ich meine Einladung durch die Partei- und Staatsführung der DDR zu einem Treffen von ehemaligen leitenden Funktionären des Kommunistischen Jugendverbandes und der Sozialistischen Arbeiterjugend im Sommer 1979. Ich war sehr überrascht darüber. Über Gründe und Veranlassung dieses Treffens und meiner Einladung dazu, möchte ich keine Vermutungen anstellen. Ich habe die Einladung angenommen, weil ich hoffte, einige alte und wahre Freunde und Kampfgefährten wiederzusehen, um mit ihnen gemeinsame Erlebnisse austauschen zu können. Das war in der Tat so.

Wie das allgemein üblich ist, wurden wir gebeten, uns zu einem Gruppenfoto auf der Gartenterrasse des Palais unter den Linden aufzustellen. Ich suchte mir einen Platz am oberen Ende der Treppe. Als ich schon stand, bat mich eine Ordonnanz, weiter nach unten zu kommen. Ich war selbstverständlich erstaunt – und das mit mir viele andere Gäste. Ich ging hinunter. Erich Honecker wandte sich mir zu, begrüßte mich und bat, ich solle mich hinter ihn auf die Treppenstufe stellen. Ich tat es wortlos. Über die Beweggründe Honeckers

160

wollte ich mir keine Gedanken machen. Nach dieser Gruppenaufnahme wurden wir zu einem gemeinsamen Essen gebeten. Ich saß zwischen den Politbüromitgliedern Joachim Herrmann und Gerhard Grüneberg. Während seiner Tischrede, in der einige historische Rückblicke in die Jugendarbeit vor 1933 eingeflochten waren, wandte sich Erich Honecker mir zu und fragte: »Nicht wahr, Karl, so war es doch?« Ich antwortete einfach mit »Ja.« Sollte diese Frage eine aufmerksame Geste sein? Alle Teilnehmer haben natürlich verwundert zu mir gesehen. Jeder fragte sich: »Was spielt sich hier ab?« Ist das eine Demonstration der Versöhnung oder eine Art Rehabilitierung? Aus Erfahrungen wußte man, daß es solche Gesten der Parteiführung zu beachten galt, um sich künftig richtig zu verhalten.

Nachdem die Tafel aufgehoben war, kam ich mit einem Vertreter der westdeutschen Jugendbewegung ins Gespräch. Der Saal begann sich zu leeren, da rief Erich Honecker von der Tür aus quer durch den Saal: »Karl, hast du noch etwas Zeit?« Ich bejahte. »Dann komm doch bitte, wenn du hier fertig bist, zu mir herunter.« Ich ging zu ihm. Honecker war in einem größeren Zimmer und saß bereits am Tisch. Er zeigte auf den Platz neben sich. Ich harrte der Dinge, die da kommen sollten. Aber es folgte nichts Besonderes. Nach seiner formal gestellten Frage, wie es mir gehe, kam das Gespräch auf die Neubildung des Komitees der Antifaschistischen Widerstandskämpfer in den einzelnen Kreisen der DDR. Bekanntlich hatte Walter Ulbricht die territorial gegliederte Vereinigung der Verfolgten des Naziregimes (VVN) 1953 aufgelöst und dafür in Berlin ein zentrales Komitee gebildet, das faktisch über die Arbeit aller antifaschistischen Widerstandskämpfer in der DDR bestimmte. Auch der Gesamtdeutsche Rat der VVN, den ich mit Emil Carlebach gründete, hatte seine Tätigkeit einstellen müssen. Da ich aktiv an der Arbeit des in Potsdam gebildeten Komitees teilnahm, konnte ich ihm sagen, daß jetzt wieder mehr Möglichkeiten bestünden, den Zusammenhalt zu festigen und eine interessante selbständige Arbeit zu gestalten. Ich nutzte dabei die Gelegenheit, Erich Honecker vorzuschlagen, die finanzielle Unterstützung aller Verfolgten des Naziregimes auf die Stufe der Kämpfer gegen den Faschismus anzuheben.

Über persönliche Dinge sprachen wir nicht. Er hatte gewiß erwartet, daß ich um meine Rehabilitierung bitten würde. Ich tat es nicht.

Mitten in unserem Gespräch erschien ein Kamerateam und filmte wortlos unsere Begegnung. Damit war die Unterhaltung beendet.

Am Abend wurden in der »Aktuellen Kamera« Filmausschnitte von diesem Treffen gezeigt und am nächsten Tag die Gruppenaufnahme im Großformat in der Tagespresse veröffentlicht. Es waren Nachrichten, ohne politische Wertung. Sie zeigten Erich Honecker im Kreise von Antifaschisten und hatten damit ihren Zweck erfüllt.

Zehn Jahre später, am Vorabend des 40. Jahrestages der DDR, hatte das Politbüro alte verdiente Parteiveteranen zu einem Treffen eingeladen. Auch ich gehörte dazu. Nie werde ich die über dieser Zusammenkunft liegende Beklommenheit vergessen. Welch bedrückende Atmosphäre, voll Unsicherheit und Spannung auf der einen, voll tiefer Sorge um die Zukunft auf der anderen Seite. Vor uns saß ein erstarrt wirkendes Politbüro, ohne jeglichen Kontakt zu den Teilnehmern. Diese Genossen waren uns fremd geworden. Natürlich litt unter dieser Atmosphäre auch das Zusammensein der alten Kampfgefährten. Wir kannten die katastrophale bedrückende gesellschaftliche Wirklichkeit der DDR. Die DDR hatte vor der Geschichte versagt. Ein Menetekel kündigte sich an. Alle waren voller Sorge darüber, wie es weitergeht. Eine grundlegende Änderung war dringend notwendig.

Schlußgedanken

Als Zeitzeuge fühlte ich mich verpflichtet, über die Zeitspanne von 1953 bis 1958 zu berichten. Natürlich gibt es noch eine Reihe von Zeugen aus dieser Zeit, aus dem Politbüro und aus dem Zentralkomitee der SED. Es ist schwer, sich zu den großen Fehlern der damaligen Zeit zu bekennen. Manche glauben, daß Schweigen nützlicher ist, als eine historische Aufhellung dieser entscheidenden Jahre für die Entwicklung einer sozialistischen Gesellschaft in der DDR. Für die Zukunft ist es unablässig, daß wir den ehemaligen Mitgliedern der SED wie auch der jungen Generation von heute mitteilen, was Dogmatismus und Linksradikalismus anrichten können. Man nennt den Linksradikalismus die Kinderkrankheit des Kommunismus. Er ist in Deutschland nie überwunden worden. Befürworter und Praktiker wurden von der Geschichte widerlegt. Den Verantwortlichen kann man nicht absprechen, daß sie einst mit Idealismus ihre Entscheidung für den Sozialismus getroffen haben. Aber Idealismus kann auch dazu führen, die realen Bedingungen beim Umbau einer Gesellschaft nicht richtig einzuschätzen. Idealismus kann auch blind machen, zum politischen Fanatismus führen; die Gegenkraft unterschätzen, sich selbst überschätzen lassen; und er kann zur Rechthaberei, zur Macht und zur Gewalt auswuchern. Denken wir nur an die Inquisition der katholischen Kirche im Mittelalter.

Wie konnten sonst solch schwerwiegende Fehler entstehen wie der Beschluß des V. Parteitages, Westdeutschland ein- und überholen? Wie konnte sonst Chruschtschow beschließen lassen, bis 1980 den Kommunismus zu erreichen und Amerika wirtschaftlich zu überholen? Wie sonst konnte Honecker 1980 davon sprechen, daß 1989 mit dem Übergang zum Kommunismus begonnen wird?

Die SED wurde durch die Verteidigung des Stalinismus dem Verfall preisgegeben. Ihr Versagen vor der Geschichte ist nicht zu überbieten. Ein demokratischer Sozialismus hätte auf dem Programm dieser Partei niemals stehen können. Diese SED mußte erst zerschlagen werden, um ein freies Denken zu ermöglichen und eine Partei zu schaffen, die die sozialistischen Grundsätze ausreifen läßt und befolgt.

Alle Bürger der DDR, die in der SED, in den Staatsorganen und Massenorganisationen leitend waren, sind, was ihr persönliches Schicksal betrifft, in eine außerordentlich schwierige und demütigende Lage gekommen.

Als Mc Carthy die Juden- und Kommunistenverfolgung in Amerika organisierte, rief der damalige Präsident Eisenhower das amerikanische Volk auf, diesem üblen Treiben ein Ende zu bereiten, um nicht mit dieser antidemokratischen Verfolgungssucht die freiheitlichen Rechte in Amerika zu gefährden.

Wären wir den eigenen Weg zum Sozialismus, wie er im Juni-Aufruf der KPD 1945 und auch in den Grundsätzen und Zielen des Vereinigungsparteitages der KPD und SPD zur SED dokumentiert wurde, gegangen, hätte die antifaschistisch-demokratische Ordnung auf lange Zeit existieren können, um den Aufbau einer sozialistischen Gesellschaft einzuleiten.

Es hat sich eine neue Partei gebildet, die Partei des

Demokratischen Sozialismus. In ihr vereinigen sich zuerst vor allem die Kräfte, die schon innerhalb und außerhalb der SED für eine demokratische DDR eintraten. Wenn ich mit Walter Janka und Horst Seydewitz zusammentraf, sagten wir uns, wir sind geistig auf eine neue Situation vorbereitet. Wir gingen davon aus, daß der Zusammenbruch der SED nicht aufzuhalten ist. Das Ende der DDR, so tragisch es sein mag, findet viele Kräfte, die sich Gedanken über die Zukunft gemacht haben.

In den vier Jahren ihrer Existenz hat die PDS gezeigt, daß sie ideologisch mit der Vergangenheit der SED vollkommen gebrochen hat. Sie beweist, wie eine linke demokratische Partei demokratische Statuten, Programme und ein demokratisches Verhalten zueinander praktiziert. Eine großartige Idee hat sie entwickelt bei der Aufstellung von Kandidaten für das Wahljahr 1994. Mit ihrer offenen Liste gibt sie nichtparteigebunden Persönlichkeiten die Möglichkeit, ihre unter Beweis gestellte demokratische Gesinnung zum Ausdruck zu bringen und gesellschaftlich wirksam werden zu lassen. Damit ist in der Bundesrepublik Deutschland ein völlig neues demokratisches Verständnis als gesellschaftlicher Faktor in Erscheinung getreten. Der parteiverbundene Egoismus wird mit einer neuen parlamentarischen Form konfrontiert.

Natürlich kämpft die PDS auf dem Boden der Verfassung um einen größeren Einfluß als Oppositionspartei. Die schreckliche soziale Situation, die in den Ländern der ehemaligen DDR entstanden ist, hat ihre Quellen in der unglaublichen Profitsucht, die mit dem Einigungsvertrag ihren Anfang nahm.

Diese Lasten haben die Mehrheit der Bürger der DDR nicht verdient. Die Verteidigung ihrer Rechte, ihrer sozialen Existenz ist die vornehmste Aufgabe einer linken, demokratischen Partei wie sie die PDS ist.

Die PDS ist eine Partei links von der SPD, aber nicht gegen sie. Die SPD hat eine große Tradition in der Vertretung der sozialen Interessen der Werktätigen. Sie hat eine innerparteiliche Demokratie und kämpft für die demokratischen Rechte gegen die reaktionären Machenschaften. Im antifaschistischen Widerstandskampf stand sie mit Kommunisten im Untergrund und hat viele Opfer gebracht.

Auch in Zukunft werden sich viele Möglichkeiten ergeben, um gemeinsam politische, soziale und kulturelle Interessen der Bevölkerung zu vertreten. Aber man darf niemals mehr zulassen, daß politisches Sektierertum und politische Emotionen beide Seiten gegeneinander bringen. Beide Parteien müssen Wege der Toleranz beschreiten. Sonst wäre es eine Katastrophe für die Zukunft des demokratischen Sozialismus, den der SPD und den der PDS. Die politische Weitsicht gebietet uns, alle Möglichkeiten auszuschöpfen, um die Gefahr des Faschismus zu bannen, der schändlichen Entartung einer großbürgerlichen Gesellschaft.

Was aber den demokratischen Sozialismus betrifft, so ist er als eine Realität für die Zukunft auch im globalen Sinne zu verstehen.

Die Interessen der Menschheit drängen danach. Auch wenn das in der gegenwärtigen Situation für uns als unwirklich erscheinen mag.

Mein politisches Ideal ist das demokratische.

Jeder soll als Person respektiert werden und keiner vergöttert sein.

(Einstein)

Anhang

Dokumente

1.
Rehabilitierungsurkunde für Karl Schirdewan vom 31. 1. 1990

PARTEI DES DEMOKRATISCHEN SOZIALISMUS

DER VORSITZENDE DER SCHIEDSKOMMISSION
AM MARX-ENGELS-PLATZ · BERLIN 1020 · RUF 202-0

Genossen
Karl Schirdewan
Tizianstraße 3
Potsdam
1 5 6 0

Lieber Genosse Schirdewan!

Die Schiedskommission unserer Partei hat auf ihrer Tagung am
20./21. Januar 1990 Deine Rehabilitierung beschlossen. In der
Beratung wurde festgestellt, daß der auf dem 35. Plenum des ZK
im Februar 1958 erfolgte Ausschluß aus dem ZK und die damit
verbundene Ablösung als Mitglied des Politbüros und Sekretär
des ZK zu Unrecht erfolgten. Deine damaligen Erklärungen vor
dem Politbüro sowie Deine Darlegungen auf dem 35. Plenum des
ZK der SED haben die Mitglieder der Schiedskommission einmütig
als Ausdruck Deiner Aufrichtigkeit, Deines Pflichtbewußtseins
und Deiner politischen Weitsicht bewertet.

Wir achten Dich, lieber Genosse Schirdewan, als einen Genossen,
dessen Wirken bleibende Spuren hinterlassen hat, und wünschen
Dir alles Gute und persönliches Wohlergehen.

Mit sozialistischem Gruß

G. Wieland

Berlin, 31. Januar 1990

2.

Beschluß des Präsidiums des Zentralkomitees der KPdSU von Ende Mai 1953 – übergeben einer Delegation des ZK der SED (Otto Grotewohl, Fred Oelßner, Walter Ulbricht), die vom 2. bis 4. Juni 1953 in Moskau weilte

Über Maßnahmen zur Gesundung der politischen Lage in der Deutschen Demokratischen Republik

Infolge der Durchführung einer fehlerhaften politischen Linie ist in der Deutschen Demokratischen Republik eine äußerst unbefriedigende politische und wirtschaftliche Lage entstanden.

Unter den breiten Massen der Bevölkerung, darunter auch unter den Arbeitern, Bauern und der Intelligenz, ist eine ernste Unzufriedenheit zu verzeichnen in bezug auf die politischen und wirtschaftlichen Maßnahmen, die in der DDR durchgeführt werden. Das kommt am deutlichsten in der massenhaften Flucht der Einwohner der DDR nach Westdeutschland zum Ausdruck. So (sind) vom Januar 1951 bis April 1953 447.000 Personen nach Westdeutschland geflüchtet, darunter über 120.000 lediglich während der vier Monate des Jahres 1953. Einen bedeutenden Teil der Geflüchteten machen werktätige Elemente aus. Unter den 1953 Geflüchteten befinden sich: Arbeiter – etwa 18.000, mittlere und Kleinbauern, Handwerker und Rentner – etwa 9.000, Angestellte und Angehörige der werktätigen Intelligenz – etwa 17.000, Hausfrauen über 24.000.

Von den Einheiten der Kasernieren Polizei sind nach Westdeutschland 8.000 Mann geflüchtet. Es fällt auf, daß sich unter den innerhalb der vier Monate (des Jahres) 1953 nach Westdeutschland Geflüchteten 2.718 Mitglieder und Kandidaten der SED und 2.610 Mitglieder der FDJ befinden.

Als Hauptursache der entstandenen Lage ist zu erkennen, daß gemäß den Beschlüssen der 2. Parteikonferenz der SED, gebilligt vom Politbüro der KPdSU (B), fälschlicherweise der Kurs auf einen beschleunigten Aufbau des Sozialismus in Ostdeutschland genommen worden war, ohne Vorhandensein der dafür notwendigen realen sowohl innen- als auch außenpolitischen Voraussetzungen.

Die sozial – wirtschaftlichen Maßnahmen, die in Verbindung damit durchgeführt werden, und zwar eine Beschleunigung der Entwicklung der Schwerindustrie, die dabei auch keine gesicherten Rohstoffquellen hat, eine jähe Einschränkung der Privatinitiative, die Interessen einer breiten Schicht der (kleinen und mittleren) Eigentümer in Stadt und Land beeinträchtigen, (der) Entzug der Lebensmittelkarten für alle Privatunternehmer und Freischaffenden, besonders eine übereilte Schaffung der Landwirtschaftlichen Produktionsgenossenschaften ohne eine dafür notwendige Grundlage auf dem Dorf haben dazu geführt, daß auf dem Gebiet der Versorgung der Bevölkerung mit Industriewaren und Nahrungsmitteln ernste Schwierigkeiten entstanden, daß der Kurs der Mark stark gefallen ist, daß eine große Anzahl der kleinen Eigentümer wie Handwerker, Gewerbetreibende usw. ruiniert sind und haben bedeutende Schichten der Bevölkerung gegen die bestehende Macht gestimmt. Es ist soweit gekommen, daß zur Zeit über 500.000 Hektar Land verlassen (sind) und brachliegen, und die haushälterischen Bauern, die sonst stark an ihrem Landstück hängen, begannen massenhaft ihr Land und ihre Wirtschaft zu verlassen und sich nach Westdeutschland zu begeben.

Die politische und ideologische Arbeit, geführt unter der Lenkung der SED, entspricht nicht den Aufgaben der Stärkung der Deutschen Demokratischen Republik. Insbesondere wurden ernste Fehler in bezug auf die Geistlichen begangen, die in einer Unterschätzung des Einflusses der Kirche unter den breiten Massen der Bevölkerung in groben Administrierungsmaßnahmen und Repressalien ihren Ausdruck fanden.

Als ein grober Fehler ist auch die Unterschätzung der politischen Arbeit unter der Intelligenz anzuerkennen. Dadurch erklären sich teilweise die in einem bedeutenden Teil der Intelligenz vorhandenen Schwankungen, Unbeständigkeit und sogar ein feindliches Verhalten zur gegenwärtigen Ordnung. Das alles verschafft eine ernste Gefahr für die politische Beständigkeit der Deutschen Demokratischen Republik.

Zur Verbesserung der entstanden Lage ist notwendig:

1. Unter den heutigen Bedingungen (ist) der Kurs auf eine Forcierung des Aufbaus des Sozialismus in der DDR, der von der SED eingeschlagenen und vom Politbüro des ZK der KPdSU (B) in seinem Beschluß vom 8. Juli 1952 gebilligt worden war, für nicht richtig zu halten.
2. Zur Gesundung der politischen Lage in der DDR und zur Stärkung unserer Positionen sowohl in Deutschland selbst als auch in der Deutschlandfrage auf der internationalen Ebene und zur Sicherstellung und Ausbreitung der Basis einer Massenbewegung für die Schaffung eines einheitlichen, demokratischen, friedliebenden unab-

hängigen Deutschlands ist der Führung der SED und der Regierung der DDR die Durchführung folgender Maßnahmen zu empfehlen:

a) Ein künstliches Aufbringen der Landwirtschaftlichen Produktionsgenossenschaften, die sich in der Praxis nicht bewährt haben und die eine Unzufriedenheit unter den Bauern hervorrufen, ist einzustellen. Alle bestehenden Landwirtschaftlichen Produktionsgenossenschaften sind sorgfältig zu überprüfen, und dieselben, die auf einer unfreiwilligen Basis geschaffen sind oder die sich als lebensunfähig gezeigt haben, sind aufzulösen. Es ist im Auge zu behalten, daß unter den heutigen Bedingungen in der DDR nur eine einfachere Form der Produktionskooperierung der Bauern, wie die Genossenschaften zur gemeinsamen Bearbeitung des Bodens, ohne daß die Produktionsmittel vergesellschaftet werden, mehr oder weniger lebensfähig sein kann. Solche Genossenschaften können, wenn ihnen eine zustehende Hilfe gewährt wird, zu einem anziehenden Beispiel für das Bauerntum werden.

b) Es sind die bestehenden Maschinen-Ausleihstationen zu stärken und die neue MTS nach Möglichkeit zu schaffen als der wichtigste Hebel der Einwirkung im Dorfe und (als) Hauptmittel der Hilfeleistung an die werktätigen Bauern zur Hebung der Produktivität der Landwirtschaft. Neben der Hilfe an die Genossenschaften zur gemeinsamen Bearbeitung des Bodens sollen die Maschinen-Ausleihstationen auch individuelle Bauernwirtschaften auf Grund der Ausleihverhältnisse bedienen.

c) Die Politik der Einschränkung und der Ausdrängung des mittleren und kleinen Privatkapitals ist als eine vorzeitige Maßnahme zu verwerfen. Zur Belebung des wirtschaftlichen Lebens der Republik ist es notwendig, eine breite Heranziehung des Privatkapitals in verschiedenen Zweigen der kleinen und Gewerbeindustrie, in der Landwirtschaft sowie auch auf dem Gebiet des Handels für zweckmäßig zu halten, ohne dabei seine Konzentrierung in großem Ausmaß zuzulassen. Bei der Verteilung der materiellen Ressourcen ist die Zuteilung von Rohstoffen, Heizmitteln, Elektroenergie und die Bereitstellung von Krediten an die Privatunternehmen vorzusehen. Das existierende System der Besteuerung der Privatunternehmer, das praktisch den Drang zur Beteiligung an dem Wirtschaftsleben tötet, ist in der Richtung einer Linderung der Steuerpresse zu revidieren. Die Kartenversorgung mit Lebensmitteln für die Privatunternehmer sowie auch für die Freischaffenden ist wiederherzustellen.

d) Der Fünfjahrplan der Entwicklung der Volkswirtschaft der DDR ist zu revidieren in der Richtung einer Lockerung des überspannten Tempos der Entwicklung der Schwerindustrie und einer schroffen Vergrößerung der Produktion der Massenbedarfswaren und der vollen Sicherung der Versorgung mit Lebensmitteln, um schon in der nächsten Zeit es (zu ermöglichen) das Kartensystem der Versorgung mit Lebensmitteln zu liquidieren.
e) Notwendige Maßnahmen zur Sanierung des Finanzsystems zur Herabsetzung der administrativen und Sonderausgaben sowie zur Stärkung und Hebung des Kurses der Mark der DDR sind durchzuführen.

f) Maßnahmen zur Stärkung der Gesetzlichkeit und Gewährung der Bürgerrechte (sind) zu treffen, von harten Strafmaßnahmen, die durch Notwendigkeit nicht hervorgerufen werden, (ist) abzusehen. Die Gerichtsunterlagen der bestraften Bürger (sind) zu prüfen zwecks Befreiung der ohne genügende Gründe zur Verantwortung gezogenen Personen. Unter diesem Gesichtspunkt (sind) entsprechende Änderungen in der bestehenden Strafgesetzgebung vorzunehmen.

g) Eine breite Entfaltung der politischen Arbeit unter allen Volksschichten bei entscheidender Ausrottung der Elemente von nackter Administrierung ist als eine der wichtigsten Aufgaben der SED zu betrachten. Es ist eine solche Lage zu erreichen, daß die Regierungsmaßnahmen vom Volke verstanden werden und unter der Bevölkerung selbst Unterstützung finden.

Besondere Aufmerksamkeit ist der politischen Arbeit unter der Intelligenz zu widmen, um zu gewähren, daß die Hauptmasse der Intelligenz sich der aktiven Teilnahme an der Durchführung der Maßnahmen zur Stärkung der bestehenden Ordnung zuwendet.

Zur Zeit und in der nächsten Zukunft ist es notwendig, sowohl in der DDR als auch in Westdeutschland, die Aufgaben des politischen Kampfes für die Wiederherstellung der nationalen Einheit Deutschlands und zur Abschließung eines Friedensvertrages zum Mittelpunkt der Aufmerksamkeit der breiten Massen des deutschen Volkes zu machen. Dabei ist es notwendig, die politische und wirtschaftliche Lage in der DDR zu berichtigen und zu stärken und den Einfluß der SED unter den breiten Arbeitermassen und anderen demokratischen Schichten in Stadt und Land bedeutend zu vergrößern. Die bis zu dieser Zeit durchgeführte Propaganda über die Notwendigkeit des Übergangs der DDR zum Sozialismus (ist) als unrichtig zu betrachten, da sie die Parteiorganisationen der SED zu unzulässig vereinfachten und hastigen Schritten sowohl auf dem politischen als auch auf dem wirtschaftlichen Gebiet treibt. Dabei ist die bedeutende Stärkung der Rolle des Blocks der demokratischen Parteien und Massenorganisationen sowie der Nationalen Front des demokratischen Deutschlands im Staats- und Gesellschaftsleben der DDR als notwendig zu betrachten.

h) (Mit) einem nackten Administrieren in bezug auf die Geistlichen ist Schluß zu machen, und die schädliche Praxis der groben Einmischung der Behörden in die Angelegenheiten der Kirche ist einzustellen. Alle Maßnahmen, die direkte Interessen der Kirche und der Geistlichen einengen, sind aufzuheben, und zwar: Beschlagnahme der caritativen Kirchenanstalten [Alten- und Waisenheime], Abnahme brachliegender kirchlicher Bodenflächen durch lokale Behörden, Entziehung der für die Kirche festgelegten Subventionen usw. Die Verfolgung der einfachen Teilnehmer der kirchlichen Jugendorganisation »Junge Gemeinde« ist einzustellen und die politische Arbeit unter ihnen zum Schwerpunkt zu machen. Es ist im Auge zu halten, daß Repressalien gegenüber der Kirche und den Geistlichen nur dazu beitragen können, den religiösen Fanatismus der rückständigen Schichten der Bevölkerung zu stärken und ihre Unzufriedenheit zu vergrößern. darum muß (das) Hauptkampfmittel gegen den reaktionären Einfluß der Kirche und der Geistlichen eine tüchtig durchdachte Aufklärungs- und Kulturarbeit sein. Als die Grundform der antireligiösen Propaganda ist eine weite Verbreitung der wissenschaftlichen und politischen Kenntnisse unter der Bevölkerung anzustreben.

3. Die Gewährung der wirtschaftlichen Hilfe an die DDR seitens der UdSSR, insbesondere auf dem Gebiet der Lebensmittelversorgung, ist als notwendig zu erkennen.

4. Der Hohe Kommissar der UdSSR in Deutschland, Genosse Semjonow, und der Befehlshaber der sowjetischen Besatzungstruppen, Genosse Gretschko, sind verpflichtet, die bestehenden Mängel in der Ausübung des Besatzungsregimes durch sowjetische Truppen zu beseitigen. Maßnahmen (sind) zu treffen, um zu gewähren, daß das Dasein der sowjetischen Besatzungstruppen möglichst weniger die direkten Interessen der Zivilbevölkerung beeinträchtigen, insbesondere sind alle durch die sowjetischen Truppen besetzten Räume der Bildungsanstalten, Krankenhäuser und Kulturstätten freizumachen.

5. Vom Standpunkt ausgehend, daß die politische und wirtschaftliche Lage der DDR einer der wichtigsten Faktoren nicht nur in der Lösung der allgemeinen Deutschlandfrage, sondern auch in der (Sicherung des Friedens) und der internationalen Grundprobleme ist, (sind) in der Zukunft bei der Bestimmung der gesamten politischen Lage für diese oder jene Zeitperiode und bei der Durchführung jeder konkreten Maßnahme zur Stärkung der DDR wie auch die Lage in Deutschland im Ganzen und die internationale Lage zu berücksichtigen.

6. Da zur Zeit die Hauptaufgabe der Kampf für die Verteidigung Deutschlands auf demokratischer und friedlicher Grundlage ist, müssen die SED und die KPD, als Bannerträger im Kampf für die nationalen Bestrebungen und für die Interessen des ganzen deutschen Volkes, die Durchführung einer elastischen, auf maximale Zersplitterung der Kräfte des Gegners und (die) Ausnutzung jeglicher oppositioneller Strömungen gegen die käufliche Clique Adenauers gerichtete Taktik gewährleisten. Deshalb, da die Sozialdemokratische Partei Westdeutschlands, der bisher noch bedeutende Massen der Werktätigen folgen, gegen die Bonner Verträge, wenn auch ungenügend konsequent auftritt, ist die total feindliche Position gegenüber dieser Partei für die heutige Periode zu verwerfen, und ist zu versuchen, wo und wenn es möglich ist, gemeinsame Aktionen gegen die Adenauersche Politik der Spaltung und der imperialistischen Knechtung zu organisieren.

(Anmerkung der Redaktion: Im Interesse der historischen Exaktheit wird der Text nach der von sowjetischer Seite vorgenommenen Übersetzung wiedergegeben. Der Verständlichkeit wegen vorgenommene unerläßliche Einfügungen oder Korrekturen sind in runde Klammern gesetzt worden.)

Quelle: BZG 5/1990 S. 651 ff – Vgl. Institut für Geschichte der Arbeiterbewegung, Zentrales Parteiarchiv (IfGA,ZPA) NL 3/2.

3.

Nachstehende Erklärung, die Fred Oelßner am 3. Juli 1956 im Politbüro abgab, hat mir nach einem mehrtägigen Gespräch über die Geschichte der SED, Herr Peter Grieder von der Universität Cambridge dankenswerter Weise zur Verfügung gestellt. (K. S.)

Fred Oelßner: Erklärung im Politbüro

1. Ich habe lange gezögert, diese Erklärung abzugeben. Ich habe sorgfältig meine Eindrücke und meine Meinung geprüft, vielleicht hätte ich noch länger gewartet, wenn nicht die Rede des Genossen Ulbricht in der Uni anders abgedruckt worden wäre, als im Politbüro besprochen wurde.

2. Ich bin mit einigen ersten Maßnahmen nach dem XX. Parteitag nicht einverstanden:

a) mit dem Artikel vom 4. März:
   in einer Reihe von Fragen, besonders in der Frage, ob Stalin Klassiker ist. Hier wird wieder dekretiert, wie oft in ideologischen Fragen;

b) mit dem Artikel vom 14. März:
   Es war falsch auf die Provokation des »Tagesspiegel« mit Berija hereinzufallen. Warum muß man der Partei die Unwahrheit sagen?

c) mit der Rede des Genossen W. Ulbricht auf der Berliner Delegiertenkonferenz:
   Mit mehreren Fragen, besonders mit der Herausforderung der Jugend.

3. Ich bin auch nicht einverstanden mit der Kampagne gegen Gen. Bredel. Dies ist ein Versuch, die Kritik zu unterdrücken, weil sie unangenehm ist.

4. Wir haben mit der Auswertung des XX. Parteitages noch nicht richtig begonnen. Darum haben wir auch keinen Aufschwung in der Partei. Vor allem in der Frage des Personenkultes weichen wir aus. Man muß den XX. Parteitag als Ganzes nehmen, kann nicht weglassen, was unbequem ist.

Die großen Perspektiven des XX. Parteitages, die neuen Anschauungen in Fragen Krieg, Weg zum Sozialismus u. a. stehen im engen Zusammenhang mit der Kritik am Personenkult.

5. Die Fragen können nicht abstrakt-theoretisch behandelt werden. Es ist nicht richtig, den Personenkult nur vom ideologischen Standpunkt aus zu behandeln. Für uns steht in diesem Zusammenhang die wichtige Frage: Gibt es in der SED einen Personenkult. Jawohl, es gibt ihn und im Zusammenhang damit ein persönliches Regime, das hauptsächlich vom Genossen Ulbricht ausgeübt wird. – Nach dem XX. Parteitag ist es – unter dem Druck des Feindes – sogar stärker geworden. Jede öffentliche Kritik am Genossen Ulbricht ist als unzulässig erklärt.

6. Dieses persönliche Regime besteht seit langem. Im Jahre 1953 wurde vor dem 15. Plenum der Versuch im Politbüro unternommen, es zu beseitigen. Der Fall Zaisser-Herrnstadt hat uns daran gehindert, die Sache zu Ende zu führen. Nach dem 15. Plenum trat äußerlich eine Besserung ein, im Wesen hat sich nichts geändert.

Viele Genossen in der Partei und im ZK sind mit diesem Regime unzufrieden, jedoch fürchten sie sich, das offen auszusprechen. Sie haben Angst, als Parteifeinde bezeichnet zu werden. Dies schafft eine ungesunde Atmosphäre in der Partei.

7. Das Hauptargument gegen das offene Aussprechen dieser Dinge ist die fanatische Hetze des Klassenfeindes, besonders gegen Gen. Walter Ulbricht. Es ist jedoch falsch, diesem Drucke nachzugeben und erkannte Mängel nicht auszusprechen. Wir lassen uns damit unser Handeln vom Gegner aufzwingen.

8. Darum sollte über diese Dinge auf dem Plenum des ZK offen gesprochen werden. Die Einheit der Partei wird dadurch nicht gefährdet, sondern im Gegenteil zu einer aktiven Einheit gemacht, die lähmende Erstarrung wird überwunden.

Es ist für die Partei besser, wenn Gen. Ulbricht in seinem Referat selbst diese Mängel ausspricht, als wenn andere Mitglieder des ZK dazu gezwungen sind.

Berlin, den 3. 7. 1956

4.
Karl Schirdewan: Stellungnahme vom 1. Januar 1958

Entsprechend dem Vorschlag des Genossen Ulbricht, im Zusammenhang mit der Diskussion im Politbüro, eine schriftliche Erklärung abzugeben, möchte ich meine Stellungnahme zu einer Reihe von aufgeworfenen Fragen abgeben:

Ich erkläre, daß ich zu keiner Zeit Zweifel an der Richtigkeit der Politik unserer Partei, ihrer Generallinie wie auch in den Grundfragen der Verwirklichung der Erkenntnisse des XX. Parteitages auf unsere Bedingungen hatte und habe.

In der mir zugewiesenen Verantwortung habe ich die Politik der Partei ohne Schwankungen und entsprechend meinen Fähigkeiten und Kenntnissen unter den Parteikadern, in den Parteiorganisationen und in den Arbeiterversammlungen in Wort und Schrift vertreten. Als Mitglied des Politbüro habe ich aktiv an der Ausarbeitung unserer Politik teilgenommen und nach der Beschlußfassung für die Durchführung der Beschlüsse meine Kraft eingesetzt. Dies gilt auch für die Zeit nach dem 30. Plenum bis zum heutigen Tage.

Ich kann deshalb nicht verstehen und auch nicht billigen, daß jetzt nach etwa einem Jahr der Entwicklung seit dem 30. Plenum des ZK der Versuch unternommen wird, mich zu beschuldigen, besonders nach dem XX. Parteitag und der III. Parteikonferenz unrichtige Auffassungen vertreten zu haben. Mit gutem Gewissen kann ich sagen, daß ich in der schwersten Situation des Jahres 1956 mit an der Spitze des Kampfes gegen die feindlichen Attacken auf unsere Partei und ihre Führung gestanden habe. Im Geiste der Einheit der Parteiführung habe ich Genossen Ulbricht – als dem 1. Sekretär unserer Partei – geholfen, seine Autorität zu stärken. Ich erinnere an die III. Parteikonferenz und u. a. an das Schlußwort, daß ich Ende August vor den Kreissekretären zum Abschluß des dreitägigen Seminars in Berlin gehalten habe.

Mit tiefer Beunruhigung habe ich die Versuche des Feindes verfolgt, durch Westpresse und Westfunk Genossen Ulbricht und mich gegeneinander auszuspielen. Gerade das veranlaßte mich umso entschiedener bei allen geeigneten Gelegenheiten für Genossen Ulbricht einzutreten. Die Leitung der Staatssicherheit und auch unsere Freunde habe ich darauf aufmerksam gemacht und gebeten, den Charakter dieser Kampagne einzuschätzen und zu untersuchen. Der Gegner hat neben dieser speziellen Kampagne andere Manöver durchgeführt. (Personelle Vorschläge des Staats- und Parteifeindes Harich und anderer feindlicher Gruppierungen an Universitäten, wo andere Genossen des Politbüro gegen die Genossen Ulbricht, Grotewohl, Matern und Schirdewan ausgespielt werden sollten) Die Taktik des Feindes ist klar. Er versucht, auf diese Weise Mißtrauen zu wecken in der Hoffnung, daß Genossen des Politbüros darauf hereinfallen.

Heute erklärt Genosse Ulbricht, daß in der Zeit bis einschließlich des 29. Plenums politische Meinungsverschiedenheiten bestanden hätten. Anfang Dezember 1956 wurde aber gesagt, daß es Nuancen in der Diskussion über verschiedene Fragen gegeben hätte, die im Politbüro vorbereitet wurden. Doch hätten wir einheitlich und geschlossen die Politik der Partei nach der III. Parteikonferenz durchgeführt und die Einheitlichkeit war vorhanden.

In der Tat hat es in der Ausarbeitung verschiedener Fragen ganz natürlicher Weise Diskussionen über die Art und Weise des Vorgehens gegeben. Wäre das nicht der Fall gewesen, so hätte es auch keine fruchtbare Entwicklung geben können, und wir hätten die Lage nicht so erfolgreich meistern können, wie das eigentlich der Fall gewesen ist. Wir haben z. B. Diskussionen gehabt über unser Auftreten gegenüber der Gefahr, die aus der polnischen Situation für uns entstanden war. Ich gehörte zu jenen Genossen des Politbüro, die bei einmütiger Einschätzung des Revisionismus und der Widerspiegelung des Antisowjetismus im Inhalt des VIII. Plenums des ZK der Polnischen Arbeiterpartei bei allen ideologischen Abgrenzungen von dieser polnischen Parteientwicklung nicht dafür waren, die uns entstandenen Schwierigkeiten auf ökonomischem Gebiete, besonders in der Kohlenbelieferung, nun in aller Breite in der Öffentlichkeit zu behandeln. Dadurch konnte nur eine nicht erwünschte Kampagne gegen die polnische Regierung und die polnische Arbeiterpartei zum Ausbruch kommen, die sich zwangsläufig zu einer Frage oder Oder-Neiße-Grenze umgewandelt hätte.

Das hätte nationalistischen Elementen nur willkommener Anlaß sein können. Wir konnten niemals so verfahren: Wenn man auf uns keine Rücksicht nimmt, brauchen wir sie auch nicht zu nehmen. Gerade weil wir den Weg der prinzipiellen genossenschaftlichen Kritik gegenüber dem Revisionismus und Antisowjetismus in Polen eingeschlagen haben, durch die Festigkeit unserer Partei in der Ablehnung aller provokatorischen Versuche, den marxistisch-leninistischen gesunden Kräften eine bedeutende Unterstützung geben konnten, haben wir beigetragen zu einer gewissen Konsolidierung der

Lage in Polen. Auch ökonomisch haben sich unsere Beziehungen, wenn das Politbüro richtig unterrichtet ist, verbessert. Unsere damalige Aussprache über diese Frage führte richtigerweise dazu, daß wir unsere Sorgen der Partei hinsichtlich der ökonomischen Schwierigkeiten, die uns unverantwortliche Element in Polen auf wirtschaftlichem Gebiet bereiteten, in einem Brief an die Mitglieder und Kandidaten des Zentralkomitees mitteilten.

Es sei auch erinnert an die Bemerkung des Genossen Matern, daß er prinzipiell der Meinung sei, daß wir uns vor allem auf den Handel mit den kapitalistischen Ländern stützen müssen. Genosse Grotewohl und Genosse Ulbricht haben diesen Standpunkt ebenfalls zurückgewiesen und auf die Notwendigkeit des Ausbaus der Kooperation mit der Sowjetunion hingewiesen. Auch in solcher ökonomisch komplizierten Situation, wo Polen und Ungarn große zusätzliche Unterstützung von der Sowjetunion erhalten mußten, brauchten wir nicht einen Augenblick zu zweifeln an der Kraft der Sowjetunion, uns selbst notwendige zusätzliche Hilfe zu geben (Kohlen) trotz der vorhandenen Gefahren für die Verkehrswege in Polen.

Das Leben hat gezeigt, daß diejenigen Genossen, die die Situation nicht katastrophal, sondern mit Vertrauen in die proletarische Solidarität und in die Stärke der Sowjetunion betrachteten, mit ihren Bemerkungen Recht behalten hatten.

Ökonomisch haben wir das schwere Jahr 56 trotz aller Gefahren, die sich zusammenballten, gemeistert. Schließlich dürfen wir nicht vergessen, daß die Hauptkräfte unserer Arbeiterklasse, wenn es schwerer gekommen wäre, durch die Initiative unserer Partei fest an unserer Seite gestanden hätten und wir auch eine feste Staatsmacht besitzen.

Jedes Mitglied des Politbüros hat das Recht und die Pflicht, seine Auffassungen darzulegen. Mir ist auch kein Beispiel bekannt, daß Genossen des Politbüros sich zur Durchsetzung ihrer Meinung zusammengeschlossen hätten. Wir haben auch Diskussionen mit verschiedenen Meinungen gehabt über die Fragen der Landwirtschaft (Abschaffung der Ablieferung, Traktoren für werktätige Einzelbauern, Fragen der Entwicklung der LPG's, der MTS-Tarife, der Besteuerung der kleinen Warenproduktion usw.). Doch sind wir schließlich zu einheitlichen Beschlüssen gekommen.

Man nimmt zum Vorwurf, meine Bemerkung: »Ich will nicht, daß W. den Weg von R. geht«. Diese Mahnung habe ich aus ehrlicher Überzeugung ausgesprochen. Meine Besorgnis ist entstanden aus der vielseitigen Erfahrung, die ich in der Zusammenarbeit mit Genossen Ulbricht, insbesondere in seinem nicht guten Reagieren auf Kritik, in seinem Verhalten zur Kollektivität gemacht habe. Die Erfahrungen seit dem XX. Parteitag hatten gezeigt, daß Genosse Ulbricht in einer Reihe von Fragen Vorschläge von Mitgliedern des Politbüro nicht genügend beachtete oder ohne vorherige Zustimmung des Politbüros handelte. Ich erinnere an das sprunghafte und nicht genügend durchdachte Auftreten in der Auswertung der Kritik des XX. Parteitages an Genossen Stalin.

Genosse Reimann und ich haben davor gewarnt, eine solche weitgehende Erklärung wie »kein Klassiker« abzugeben. Der Versuch des Genossen Ulbricht, in der Kritik an Genossen Stalin unter unseren Bedingungen so weit zu gehen, hat große Unruhe und Verwirrung in der

Partei ausgelöst. Das hat auch seinen Einfluß genommen auf unsere Nachbarvolksdemokratien. Es ist bekannt, daß durch diese Erklärung, die Führung der kommunistischen Partei Polens, Ungarns und der Tschechoslowakei, die offensichtlich in dieser Frage langsamer vorgehen wollten, vor eine neue Situation gestellt wurden. Genosse Thorez kritisierte uns auch deswegen nach seiner Rückkehr aus Moskau bei seinem kurzfristigen Aufenthalt in Berlin. Ich habe mich nicht nur beschränkt auf meine Stellungnahme im Politbüro, sondern Genossen Ulbricht persönlich gebeten, alles genau zu überlegen. Wenn man 10 Jahre lang in unserer Parteierziehung eine solche feste und überragende Beziehung zu dem Genossen Stalin hergestellt hatte, mußte gründlich abgemessen werden, bevor man sich entschloß, die Stellungnahme unserer Partei zu dieser Seite des XX. Parteitages darzulegen. Die revolutionäre Arbeiterbewegung in Deutschland bietet so viele Beispiele der prinzipiellen Kritik an revolutionären Führern und zugleich der Hochachtung und der Würdigung ihrer revolutionären Taten (Rosa Luxemburg, Karl Liebknecht, Mehring u. a.), daß wir gestützt auf die Erziehung unserer Parteikader in dieser Frage einen besseren Weg gefunden hätten. Später ist dies auch geschehen.

Aber ich muß hier erklären, daß ich selbst sofort in dieser Richtung aufgetreten bin, z. B. auf den Bezirkskonferenzen. Es wurde ohne Beschluß des Politbüros und ohne Kenntnis der Sekretäre des Zentralkomitees, die von dem Genossen Ulbricht die Weisung hatten, gegen den Meinungsstreit aufzutreten, vom Genossen Ulbricht selbst auf der Humboldt-Universität der Meinungsstreit proklamiert. In den darauffolgenden Politbüro-Sitzungen habe ich den Standpunkt vertreten, daß die Parteiführung selbst und die parteitreuen wissenschaftlichen Kader darauf noch gar nicht genügend vorbereitet sind, um der Gefahr eines liberalen Meinungsstreites sofort zu begegnen. Erst mußte der Kampf in den Parteiorganisationen begonnen werden. Ohne diese Vorbereitung konnte unter der Losung des Meinungsstreites die Entwicklung von parteifeindlichen Gruppierungen gefördert werden. Damals ging der Kampf hauptsächlich gegen den Dogmatismus. Doch wir wandten uns schon gegen opportunistische und revisionistische Auffassungen, die sich vor allem gegen die Leninschen Parteinormen wandten. Wir entwickelten also den Kampf gegen die Revisionisten und Schwankenden. Das geschah schon auf dem 28. Plenum und noch ausführlicher auf dem 29. Plenum. Zu meinem Diskussionsbeitrag auf dem 28. Plenum sagte Genosse Ulbricht, daß er wesentlich mitgeholfen hat, die Lage zu konsolidieren. Vor dem 29. Plenum sagte Genosse Ulbricht, daß partei- und staatsfeindliche Gruppierungen beständen, ohne konkrete Hinweise geben zu können. Die Diskussion im Politbüro ging darum, ob es richtig wäre, ohne konkretes Material so offen davon zu sprechen. Wir waren auch nicht in der Lage, mit personellen Hinweisen aufzutreten. Daß die Feinde entsprechende Unternehmungen organisierten, daß angesichts der Entwicklung in Polen und Ungarn feindliche Gruppierungen sich entwickelten, wurde von keinem Genossen bestritten. Aber ich bin der Meinung, daß die Mitglieder des Politbüro, wenn Genosse Ulbricht schon im Besitz von Material war, hätten darüber informiert werden müssen. Gerade darin liegt eine der Lehren aus der Vergangenheit. Im Politbüro müssen wir über solche Fakten informiert werden, um zu einem kollektiven Beschluß des Politbüros auf der Grundlage von Hinweisen oder Materialien zu kommen. In äußerst komplizierten Fällen steht uns auch die SKK zur Verfügung. Aber auch dort wurden solche Fragen vom Genossen Ulbricht zur damaligen Zeit nicht gestellt. Bedeutet das weniger wachsam zu sein? Ich habe aufmerksam die Protokolle der Zentralkomitee-Sitzungen des Jahres 1956 gelesen. Wir haben immer die Partei gewarnt vor den feindlichen Versuchen der Aufweichung. Sofort nach Aufdeckung der staatsfeindlichen Harich-Gruppe gab es im Politbüro darüber Einmütigkeit, wie zu verfahren ist. Nicht richtig war es, den Mitgliedern des Politbüros das ausführliche Material dieser konterrevolutionären Gruppe erst etwa drei Wochen später zum Lesen zu geben.

In der zweiten Zusammenkunft mit den Schriftstellern, als die Verhaftung Harichs bereits erfolgt war – das war kurz nach unserem Beschluß im Politbüro – ist Genosse Ulbricht mit Kenntnis dieses Materials aufgetreten. Die Genossen Grotewohl, Wandel und Schirdewan, die gleichfalls anwesend waren, hatten davon keine Kenntnis. Das ist keine richtige Methode. Das Kommuniqué wurde im Bericht des Politbüros auf dem 30. Plenum kritisch beleuchtet.

In bin entschieden gegen Versuche auf der zweiten Zusammenkunft der Schriftsteller aufgetreten, durch die Diskussion über das Kommuniqué von der Kernfrage, nämlich der partei- und staatsfeindlichen Tätigkeit Harichs abzulenken.

Man muß noch einen Diskussionspunkt anführen, den der Arbeiterkommitees. In dieser Frage war der erste Entwurf völlig opportunistischen Charakters. Die Arbeiterkomitees standen außerhalb der Gewerkschaften und wurden als Ausdruck der breiten Entfaltung der Arbei-

191

terdemokratie betrachtet. Aber auf diese Weise hätten konterrevolutionäre Elemente zurückgebliebene Arbeiterschichten gegen die Gewerkschaften mobilisieren können. Mein Vorschlag ging dahin, keine Arbeiterkomitees zu bilden, sondern, wenn Änderungen unbedingt erfolgen sollen, die Rolle der Gewerkschaften zu stärken und im Rahmen der Gewerkschaften besonders gestützt auf die Vertrauensleute, Betriebsräte zu schaffen.

Mit welcher Energie hat Genosse Ulbricht versucht, allen warnenden Einwänden, besonders auch dem, sich alles noch einmal gründlich zu überlegen, sich zu verschließen. Auf dem 29. Plenum habe ich am Schluß der Sitzung noch den Antrag gestellt, die Frage noch einmal im Politbüro zu behandeln. Wie bekannt wurde durchgesetzt, daß auf einer Konferenz mit Arbeitervertretern diese Frage unmittelbar vorgetragen wurde. Ich muß auch darauf hinweisen, daß ich die Initiative ergriffen habe für die Einberufung der Volkskammersitzung Anfang November 1956, damit wir in die politische Offensive kommen. Ausgangspunkt war die Vorlage eines Artikels, der uns alle nicht befriedigte, weil er hauptsächlich die Verteidigung unserer Politik in der Vergangenheit zum Mittelpunkt machte.

In der komplizierten Lage des Jahres 1956 habe ich in keiner Situation den Kopf verloren. Ich war überzeugt, daß bei freimütiger Aussprache im Politbüro und Festigung der Kollektivität die Führung die Lage in jeder Situation meistern wird. Ich habe an die Stärke unserer Partei geglaubt und auch an den Einfluß unserer Partei auf die breiten Massen der Arbeiterklasse. Genosse Ulbricht war in einer schweren Lage. Das Korrigieren von Fehlern war immer mit seiner Person verbunden. Aber warum war nach seiner Rede auf der Berliner Universität bei den dort Anwesenden eine solche gute Atmosphäre entstanden? Weil Genosse Ulbricht auch einige Worte der Selbstkritik gesagt hat, die dann bei der Veröffentlichung der Rede trotz der einmütigen Meinung des Politbüros, sie zu äußern, wieder herausgefallen waren. War das nicht ein Mangel an Selbstvertrauen und auch an Vertrauen in die Festigkeit unserer Führung und unserer ganzen Partei?

Unsere Partei ist nicht erst jetzt eine Kampfpartei. Sie macht fortgesetzt den Prozeß einer kämpferischen Entwicklung durch. Heute hat sie einen höheren Charakter als wie in den Jahren vor dem. Aber sie ist auch undenkbar ohne unsere Arbeit in der Vergangenheit. Die Parteiorganisationen in den Betrieben standen auch 1956 fest und stützten sich auf das Klassenbewußtsein breiter Teile der Arbeiter. Sie haben parteitreu auf die Attacken der Feinde geantwortet. Die jungen Kader haben aus der Auseinandersetzung des Jahres 1956 und besonders unter dem Einfluß des XX. Parteitages viel gelernt. Auch organisatorisch wuchs die Partei. Wir haben im Jahre 1956, seit dem Beschluß des 28. Plenums, in der Zeit von 5 Monaten fast 50.000 Parteimitglieder aufgenommen, davon 60 Prozent Arbeiter aus der Produktion. Das erforderte eine feste Verbindung der Parteikader mit den fortgeschrittenen Arbeitern.

Wir haben durch unsere komplizierten wirtschaftlichen Bedingungen von der ökonomischen Seite her noch längere Zeit mit Schwierigkeiten zu rechnen. Auf dem 33. Plenum haben wir die Leninsche Position bezogen und der Arbeiterklasse und den Werktätigen auch gesagt, wie die eigenen Anstrengungen für den Aufbau des Sozialismus erhöht werden müssen. Unsere wirtschaftliche Entwicklung geht aufwärts. Es gibt fortgesetzt seit dem Jahre 1953 eine Verbesserung des Lebensstandards, wenn auch unterschiedlich und für die niedrigen Lohngruppen in einem von uns selbst anerkannten langsamen Tempo. Die Entwicklung im Jahre 1956 hatte gezeigt, daß der zweite Fünfjahrplan nicht real genug durchdacht war und unsere eigenen Kräfte und Reserven noch nicht ausreichend genug mobilisiert wurden. Zugleich erfüllte mich die Sorge, daß wir von zu hohen Anforderungen an das sozialistische Lager ausgingen, vor allem auch, was die Sowjetunion betrifft. Darüber habe ich mit Genossen Ulbricht einige Male Auseinandersetzungen gehabt. Zuletzt auf unserer Reise von China in die DDR. Ich habe es ehrlich gemeint, auch aus dem Bestreben heraus, zu verhindern, daß jede neue – nicht genügend ökonomisch berechnete und fundierte – Erklärung des Genossen Ulbricht über das Tempo der Hebung unseres Lebensstandards seinem Prestige neuen Schaden zufügen müsse.

Seit der Rückkehr des Genossen Ulbricht aus dem Urlaub im Jahre 1955 begannen für mich die eigentlichen Schwierigkeiten in der Zusammenarbeit. Ich spürte, daß durch meine Festigkeit und Überzeugung in einer Reihe von Fragen unserer Führung, der Stellung zur Kollektivität, ich nicht das genügende Vertrauen des Genossen Ulbricht hatte. Das ist aber in keiner Weise gerechtfertigt. Es entspringt aus dem für mich unbegreiflichen Unvermögen des Genossen Ulbricht, die Auffassung eines anderen Genossen sachlich zu durchdenken und sie als einen Ausdruck der Hilfe und des kollegialen Ratschlags im parteilichen Sinne zu betrachten. Ich habe meine Wahl ins Politbüro so aufgefaßt, daß ich wie jedes andere Mitglied des Politbüros eine Verantwortung trage, die Lehren aus dem Jahre 1953, seien es Führungsmethoden, Personenkult, ein von jeder Intrige freies Verhältnis zu anderen Genossen im Politbüro stets zu beherzigen. Meine Verantwortung war umso schwerer, als ich im Parteiapparat tätig war und unmittelbar mit Genossen Ulbricht zusammenarbeitete. Ich werde hier nicht auf einige ungesunde Erscheinungen im einzelnen eingehen. Aber ich war wiederholt verpflichtet, fest zu bleiben gegenüber gewissen Anschauungen und Handlungen des Genossen Ulbricht. Das hat mir keine Sympathien eingebracht. Ich werde mich hier zu jeder Zeit nur von den Interessen der Einheit der Parteiführung leiten lassen. Liebedienerei ist dabei nicht am Platze.

Ich erinnere das Politbüro an die zweimalige Beratung im Politbüro über Führungsmethoden des Genossen Ulbricht. Mir ist darauf mit Drohungen geantwortet worden. Ich bin Kommunist und kann natürlich mit solchen Drohungen aufs Tiefste beleidigt werden. Aber die Parteiinteressen forderten, daß ich im kameradschaftlichen und parteilichen Sinne Genosse Ulbricht auf einige nicht zulässige Methoden und Absichten die Zustimmung verweigerte.

Genosse Ulbricht wirft mir Karrierismus vor. Ich weise das auf das Entschiedenste zurück. Ich habe niemals Genossen Ulbricht mit meiner Meinung etwa vor dem Politbüro überrascht, sondern bin immer zuerst den Weg der persönlichen Aussprache unter Darlegung meiner Überzeugung gegangen. Ein Karrierist verschweigt seine Überzeugung, hütet sich davor, Unwillen auf sich zu laden und fürchtet sich vor Schwierigkeiten, die ihm entstehen können. Dieser bequeme Weg ist für einen Kommunisten nicht gangbar.

Jetzt wird auch der Vorwurf erhoben, das Sekretariat insgesamt hätte geschwankt. Der Leiter des Sekretariats war Genosse Ulbricht. Es gab auch Zeiten, wo er nur bei den ersten Tagesordnungspunkten, den wichtigsten, teilnahm. Die Tagesordnung wurde in der Regel von ihm entschieden. Zu den Vorlagen gab er meistens seine Bemerkungen. Im Sekretariat sind die Beschlüsse des Politbüros bzw. des Zentralkomitees zur Durchführung gekommen. Seit dem Jahre 1953 wurde der Aufgabenkreis des Sekretariats geändert. Das war eine richtige Entscheidung des 15. Plenums. In schwierigen Fragen bei Abwesenheit des Genossen Ulbricht habe ich Sorge getragen, daß die Probleme, die im Sekretariat vorbereitet wurden, dem Politbüro vorgelegt wurden. Bei Beginn der Auseinandersetzungen an den Hochschulen und Universitäten im Frühjahr 1956 hat das Politbüro die Mitglieder des Sekretariats zu einem Bericht über die ideologischen Auseinandersetzungen an den Hochschulen und zur Vorbereitung der Schriftstellerkonferenz angehört.

Als der konterrevolutionäre Putsch in Ungarn begann, trat das Sekretariat sofort zusammen. Wir arbeiteten uns eine Disposition aus, die ich Genossen Matern vorlegte und dafür seine Zustimmung erhielt. Wir haben klar den konterrevolutionären Charakter der Ereignisse in Ungarn eingeschätzt, die Abteilungsleiter sowie Sektorenleiter beauftragt, in die Bezirke und wichtigsten Kreise zu fahren, um den Parteileitung in ihrer politischen Arbeit die notwendige Richtung zu geben. Genosse Ulbricht war zu dieser Zeit nicht in Berlin. Die Darlegung des Genossen Hager über Polen haben wir einmütig im Sekretariat zurückgewiesen. Im Sekretariat gab es bei Beschlüssen verschiedener Art auch einen Meinungsstreit. Man muß den Vorwurf, daß das Sekretariat insgesamt geschwankt habe, zurückweisen. Schließlich gibt es auch zu allen dort behandelten Fragen Beschlüsse. Wiederholt habe ich Genossen Ulbricht gebeten, mit den einzelnen Sekretären eine bessere Zusammenarbeit herzustellen und auch im Politbüro vorgeschlagen, die Praxis einzuführen, die Sekretäre des Zentralkomitees bei wichtigen Entscheidungen nach Beratungen des Politbüros vorzuladen oder von Zeit zu Zeit über einen bestimmten Arbeitsabschnitt die Sekretäre berichten zu lassen.

Was die Organisationsarbeit unserer Partei anbelangt, so war es richtig, gestützt auf die Erfahrungen der KPdSU, nach 1953 das Schwergewicht zu legen auf die Formierung der Parteiaktivs. Später haben wir festen Kurs genommen auf die Hebung der Rolle der Grundorganisationen. Wir sind auch nach 1953 gegen jeden Liberalismus in der Parteiarbeit aufgetreten. Wir haben eine solche gute Methode der Massenarbeit wie der Wählervertreterversammlungen bei den Volkswahlen 1954 eingeführt. Man kann nicht sagen, daß bei den Volkswahlen von 1954 weniger Aktivität und ehrliche Begeisterung bestand, wie das bei den Wahlen zu den örtlichen Organen 1957 der Fall war. Als wir Anfang 1955 von einer Studienreise aus der Sowjetunion zurückgekehrt sind, haben wir die Vorschläge durch einen schriftlichen Bericht und durch ein Referat dem Zentralkomitee vorgelegt, und es hat die Maßnahme zur Verbesserung der Parteiarbeit gebilligt.

1956 waren wir uns im klaren, daß die Änderung der Methoden und Normen der Parteiarbeit nur schrittweise vor sich gehen kann, daß weitgehende Änderungen im Parteiapparat noch nicht zweckmäßig waren, um nicht diese feste Stütze in dieser schwierigen Situation durch Umgruppierung der Kräfte in ihrer Schlagkraft zu mindern. Die Maßnahmen, die wir 1957 begonnen haben durchzuführen, helfen zweifellos, die Organisation weiterhin zu verbessern, und wir werden neue Erfahrungen sammeln. Ich habe niemals gegen die neuen Vorschläge auf organisatorischem Gebiet Einspruch erhoben, sondern im Sekretariat, soweit sie dort behandelt wurden, daran mitgearbeitet. Die Tätigkeit der Instrukteurbrigaden, auch die der Bevollmächtigten der Bezirke, reicht zweifellos für die neuen Aufgaben der Partei- und Massenarbeit nicht aus. Doch in der hinter uns liegenden Zeit, das ist meine Überzeugung, entsprachen sie unserer Situation, unseren Aufgaben und dem Entwicklungsstand unserer Parteiarbeit. Anfang 1956 wurde ein Beschluß gefaßt, eine Reihe von Maßnahmen durchzuführen, z. B. Organisierung der Mitarbeiter des Parteiapparates in den Grundorganisationen der Betriebe, Schaffung der Zeitschrift der »Parteiarbeiter« in den Bezirken, diese Vorschläge wurden vom Genossen Ulbricht angeregt. In der Frage der Organisierung der Mitarbeiter des ZK-Apparates in den Berliner Betrieben habe ich den Einwand erhoben, daß es nicht zweckmäßig sei, die parteierzieherische Rolle und die Aufgaben der Parteiorganisationen im ZK-Apparat zu liquidieren, sondern sie aufrecht zu erhalten, aber die Mitarbeiter des ZK-Apparates zu verpflichten, in den Berliner Betrieben in den Grundorganisationen der Partei eine Parteiarbeit zu übernehmen.

Genosse Ulbricht war damit einverstanden.

Weitere Schritte sind gemacht worden in der Entwicklung der Eigeninitiative der Bezirksleitungen und einer größeren Zahl von Kreisleitungen, ebenso in der Eigeninitiative der Grundorganisationen in der ideologischen Auseinandersetzung mit revisionistischen oder dogmatischen Auffassungen. In der Kaderarbeit haben eine ganze

Reihe Überprüfungen stattgefunden, Maßnahmen wurden beschlossen auf den Gebieten, in denen ein Zurückbleiben der Durchführung von Partei- und Regierungsbeschlüssen zu verzeichnen war. Ihre Wurzel lag in der schlechten kaderpolitischen Zusammensetzung der Parteiorganisationen.

Was die Anleitung der Parteihochschule anbelangt, so haben wir durch den Beschluß des Sekretariats vom März 1956 Änderungen durchgeführt, und meine Verantwortung erstreckte sich auf die Leitung der Lehrplankommission. Genossin Wolf hat mich mit keinem Wort über die Verhältnisse des Sommers 1956 informiert. Zu diesem Zeitpunkt hat sie mir aber persönlich gegenüber erklärt, daß sie aufgrund einer Vereinbarung mit dem Genossen Ulbricht dem Politbüro direkt verantwortlich sei. Sie würde alle wichtigen Fragen mit Genossen Ulbricht durchsprechen. Eine ähnliche Erklärung wurde unter Zeugen in der Abteilung Leitende Organe abgegeben. Solche Praxis hatte natürlich ihren Sinn. Mir wurden die Voraussetzungen für die Verantwortung entzogen. Ich wurde auch nicht von der Parteikontrollkommission darüber unterrichtet, daß sie seit Monaten eine Untersuchung über revisionistische Einflüsse an der Parteihochschule durchführte.

Ich erkläre noch einmal als Kommunist und bei meinem revolutionären Gewissen, daß ich weder vorher noch nachher von der Wismuttagung und den dort erfolgten Unterhaltungen Kenntnis gehabt habe. Ich habe zum ersten Mal davon in der Sitzung des Politbüros gehört. Eine vorschnelle Beurteilung der Angelegenheit war nicht am Platze trotz der dort vorgebrachten Berichte von Genossen der Parteileitung Wismut. Ich habe von dem Recht Gebrauch gemacht, durch Fragen an die berichtenden Genossen den Sachverhalt allseitig zu klären. Ich billige nicht das disziplinlose Verhalten des Genossen Ziller und des Genossen Selbmann. Doch bin ich nicht der Auffassung, daß sie mit vorgefaßten Absichten dorthin gefahren sind. Ich schließe mich nicht der Meinung des Genossen Ulbricht an, daß es sich um eine breit angelegte Konzeption handele, oder um eine Fraktionsmacherei. Die widerspruchsvollen Berichte über die in der Trunkenheit gemachten Äußerungen sind kein ordentlicher Beweis dafür. Selbstverständlich kann man die Lage so zuspitzen. Aber das entspricht gewiß nicht dem bisher festgestellten Sachverhalt.

Ich kenne aus der Parteigeschichte die Entwicklung von Fraktionen und habe stets gegen sie gekämpft. Es war falsch, auf dem 33. Plenum eine Zwischenrede statt eines Schlußwortes zu halten. Eine Zwischenrede ist üblich, wenn es sich um offene Parteiauseinandersetzungen handelt, in denen sich verschiedene grundlegende politische Auffassungen gegenüberstehen, und man lange Zeit zu ihrer Klärung braucht. Wäre es nicht besser gewesen, wenn Genosse Ulbricht seine Meinung vorher dem Politbüro in dieser Frage vorgelegt hätte und wir dann gemeinsam zu einer Entscheidung gekommen wären? In solcher schwerwiegenden Frage, bin ich der Überzeugung, darf auch der 1. Sekretär seine Position nicht in der von ihm allein ausgearbeiteten Absicht nutzen. Das Protokoll ist, wenn auch geringfügig redigiert, in alle Grundeinheiten gegangen. Aber nach der durch die Zwischenrede entstandenen Lage wäre auch hier ein Beschluß notwendig gewesen, welche Verbreitung das Protokoll zu finden hat. Auch das Zentralkomitee ist von der Zwischenrede überrascht worden und hatte auch keine Möglichkeit mehr, darüber nachzudenken.

200

So wie alles gelaufen ist, mag es zwar dem Plan des Genossen Ulbricht entsprechen, besonders nach der Entscheidung über Genossen Wandel, eine breite Vorbereitung gegen einige andere Genossen, darunter auch gegen Genossen Ziller und mich zu führen. Ich bin nicht überzeugt, daß das im Interesse der Einheit der Partei gut durchdacht war. In den letzten Sitzungen des Politbüros hat nun Genosse Ulbricht dargelegt, wie sein offensichtlich seit langem gehegter Plan nun zu Ende geführt werden soll. Das ist kein Leninsches Vorgehen in der Sache wirklicher oder angeblicher Meinungsverschiedenheiten.

Ich halte auch die Art und Weise, wie das Politbüro vor fertige Tatsachen mit dem Beschluß über Genossen Wandels »politische Schwankungen« gestellt wurde, für falsch. Während der »Zwischenrede« des Genossen Ulbricht erhielten wir den Beschlußentwurf, ohne Zweifel in der Berechnung, daß im Interesse der Einheit des Politbüros niemand dagegen auftreten kann. Das ist eine schlechte Führungsmethode und fördert nicht das Vertrauen. Heute ist mir klar, daß wir die Fragen der Arbeit des Genossen Wandel hätten ausführlich im Politbüro behandeln müssen, und das nicht einem Dreierkollegium – Genossen: Ulbricht, Matern, Neumann – zur Entscheidung hätten geben dürfen.

Wir haben schlecht gehandelt, daß wir nicht im Kollektiv Genossen Wandel offen gesagt haben, daß wir der Meinung sind, daß er aus der Funktion eines Sekretärs des Zentralkomitees ausscheiden soll. Genosse Ulbricht begnügte sich nicht mehr mit der Formulierung im Bericht des Politbüros, sondern trieb die Sache weiter, ohne daß Genossen Wandel Gelegenheit gegeben worden wäre und auch anderen Mitgliedern des Zentralkomitees, mit Paul Wandel über die weitergehende Formulierung »politische Schwankungen« zu diskutieren. Wenn jetzt jemand diese oder jene Bemerkung darüber macht, auch im Politbüro, dann wird gedroht, daß es noch viel mehr über Paul Wandel gäbe. Solche harte Formulierung wie Sabotage der Schulpolitik. Wurde das dem Genossen Wandel in der Besprechung des Dreierkollegiums gesagt? Ich halte diese Methode für falsch, denn sie läßt immer einen Druck auf einen Genossen offen und soll andere einschüchtern, ihre Bedenken zu äußeren. Ich zweifle nicht an der Macht des Genossen Ulbricht, sich mit allen seinen Auffassungen und Absichten durchzusetzen. Aber es geht nicht darum. Es geht um die Überzeugung und allseitige Darlegung der Differenzen in der Arbeit oder in möglichen Fehlern, die der Genosse gemacht haben kann. Geht es denn darum, daß die Fehler schon solcher Natur sind, daß sie im Gegensatz zur Linie der Partei stehen? Das hat die Diskussion nicht zu Tage gefördert. Lenin, so wurde uns auf dem XX. Parteitag gesagt, hat in der gesamten Praxis seiner Führung der Partei durch aufmerksames parteimäßiges Herangehen an Menschen, die Schwankungen aufwiesen, von der Parteilinie abgewichen waren, jedoch wieder auf den Weg der Partei zurückgeführt werden konnten, gefordert, geduldig solche Leute zu erziehen und nicht zu äußeren Maßnahmen zu greifen. Wohlgemerkt, das gilt für solche, die vom Weg der Partei abgewichen waren.

Ich glaube nicht, daß es Ausdruck der Klugheit und Weisheit ist, fortgesetzt mit versteckten Drohungen weiter zu operieren, immer mehr zuzuspitzen, anstelle sachlicher, parteilicher und zugleich behutsamer Klärung.

Es wird von der Stellung des Genossen Wandel zu

Togliatti gesprochen. Das Politbüro muß die Möglichkeit haben, sich über diese Lektion selbst ein Urteil zu bilden. Mir ist sie jedenfalls bis jetzt nicht bekannt.

Genosse Ziller war der Überzeugung, daß er als nächster »drankommen« wird. Ist nicht das falsche, unduldsame und kalte Herangehen und Verhalten des Genossen Ulbricht gegenüber leitenden Genossen mit dafür verantwortlich, daß solche Stimmungen bei seinen engsten Mitarbeitern entstehen? Es sind nicht nur Funktionäre, es sind auch menschliche Wesen, von der Partei gehärtet und gebildet. Sie brauchen unbedingt das Vertrauen für ihre Arbeit. Sie dürfen sich nicht Jahre oder Monate lang herumschleppen mit solchen Meinungen, daß sie erledigt werden sollen. Die Autorität eines 1. Sekretärs kann nur gesteigert werden, wenn er auch in dieser Beziehung ein Wort der Ermutigung und Förderung findet, auch eigene unbedachte Äußerungen gutmacht durch ein Wort der parteilichen Freundschaft. Das kann mit einem Schlage unnötige Spannungen beseitigen.

Ich habe dem Politbüro schon mitgeteilt, in welcher Lage ich mich seit einem Jahr befinde. Nach dem Verhalten des Genossen Ulbricht zu urteilen, spüre ich, daß er nicht den Weg der Beseitigung von Spannungen suchte. Das belastete mich in meiner Arbeit schwer. In der kurzen persönlichen Aussprache nach dem 30. Plenum lag das Hauptgewicht auf Verdächtigungen und gewissen Drohungen, die mich tief verletzen mußten. Aber kein Wort wurde von politischen Fehlern gesprochen, die ich gemacht haben könnte. Über ein Dreivierteljahr hat keine sachliche Aussprache stattgefunden. Erst im Dezember 1957 fand eine kurze Unterhaltung im Beisein des Abteilungsleiters über Kaderangelegenheiten statt. Mir war seit langem klar, daß ich noch etwas zu erwarten habe. Die Zwischenrede auf dem 33. Plenum hat das endgültig bewußt gemacht, daß ohne jede Klärung der Fragen, sei es durch persönliche Aussprachen oder im Politbüro, eine Auseinandersetzung im Zentralkomitee herbeigeführt werden sollte. Es wäre auch gut, vom Genossen Matern zu wissen, welche Mitteilungen den Sekretären des Zentralkomitees über meine Funktionsveränderung auf dem 30. Plenum durch ihn gemacht worden sind, da ich selbst nicht hinzugezogen wurde. Ich war entschlossen, noch vor dem 35. Plenum im Politbüro um Klärung zu bitten und auch zu sagen, daß ich mich vor dem Zentralkomitee gegen falsche Anschuldigungen verteidigen werde.

Genosse Ulbricht erhebt den Vorwurf, daß ich versuchen würde, die vorhandenen Schwierigkeiten in der Lage auszunutzen. Was soll diese Verdächtigung? Wo habe ich jemals einen solchen Versuch gemacht? Ich würde das ebensowenig tun wie ich nicht billige, daß der Versuch unternommen wird, die Entwicklung seit dem 30. Plenum im Jahre 1957 in völlig haltloser Weise gegen Genossen der Parteiführung auszunutzen.

Im Dezember des Jahres 1956 sagte der Genosse Ulbricht, daß wir die Lage politisch hauptsächlich gemeistert hätten. Partei- und staatsmäßig sei es zwar langsam vorangegangen, doch sei das nicht zum Schaden gewesen. In der Perspektive entwickelte sich eine bessere Lage, um den ideologischen Kampf zu führen. Daraus haben wir für das 30. Plenum die Schlußfolgerungen gezogen. Wir konnten uns in zunehmendem Maße auf die Entwicklung des internationalen Kräfteverhältnisses zu Gunsten des sozialistischen Lagers stützen. Wir haben die Erfahrungen und Lehren aus den Ereignissen in Ungarn und Polen nutzen können für die Einheit unserer

Partei, für die Schärfung des Klassenbewußtseins, für eine weitere Festigung unserer Staatsmacht und für die Beschleunigung des Tempos des sozialistischen Aufbaus, besonders auf dem Gebiet der Landwirtschaft. Einen absoluten Stillstand hat es bei uns niemals gegeben. Im Jahre 1956 konnten wir, wenn auch nur die geringe Zahl, so doch 65 neue LPG's gründen. Im Jahre 1957 sind es, wenn ich richtig unterrichtet bin, etwa 400. Eine ganze Reihe von LPG entwickeln schon eine eigene Anziehungskraft auf werktätige Einzelbauern. Wir haben heute bedeutende Fortschritte in der ideologischen Entwicklung und in der Frage der Rolle der DDR als einer Bastion des Friedens im Bewußtsein der fortgeschrittenen Massen zu verzeichnen. In der Frage der Anerkennung der sozialistischen Perspektive unserer Republik und für die Zukunft ganz Deutschlands ist ein beachtlicher Durchbruch erzielt worden. Komplizierte Aufgaben entstehen bei der Durchführung der Beschlüsse des 33. Plenums, besonders in der Industrie. Die Beschleunigung des Tempos des Aufbaus des Sozialismus, unsere Maßnahmen auf dem Gebiet der Eindämmung der Republikflucht, der Liquidierung der Natokirchenpolitik, und der ideologische Kampf auf dem Gebiet der Wissenschaft und Kultur gehen nicht ohne Verschärfung des Klassenkampfes mit dem möglichen Auftreten größerer Widerstände vor sich. Unsere Kräfte sind gewachsen und werden in diesen Auseinandersetzungen weiter wachsen. Wir müssen auch rechnen, daß eine Lage entstehen kann, wo wir den uns feindlich gegenüberstehenden Kräften mit den bewaffneten Organen unserer Staatsmacht zu antworten haben. Ich bin mit Genossen Ulbricht völlig einverstanden, daß uns bei allen Erfolgen eine schwierige Situation bevorsteht. Das erfordert, daß die politischen und taktischen Maßnahmen umso gründlicher im Politbüro ausgearbeitet werden. Ich möchte sagen, in einem solchen Geist, wie das plötzlich nach unseren jüngsten Auseinandersetzungen in der Politbüro-Sitzung vom 18.12.1957 geschah, wo wir in Ruhe und unter Beachtung aller Hinweise von Politbüro-Mitgliedern in der Frage der nächsten Schritte in der Politik der Kirche, in der Frage der Thesen zur MTS-Konferenz, in der Frage der Auszeichnung der Antifaschisten Beschlüsse faßten. Wir müssen auch offen darüber sprechen, welche Aktionen zu einem guten Erfolg führten, und welche nicht. Das heißt, man muß über die Erfahrungen und Lehren unserer politischen Maßnahmen sprechen, ohne uns zu fürchten, auch einmal sagen zu müssen, daß wir in einer Frage zurückgeblieben oder in einer anderen Frage zu weit vorgeprescht sind. Man muß auch verstehen, daß Entscheidungen, die wir in der Parteiführung treffen, durch die Parteiorganisation unten oder auch durch den Staatsapparat noch sehr oft nach rechts oder links überschritten werden, weil ihnen nicht alle taktischen Überlegungen und zeitlichen Gründe und auch ihre eigenen konkreten Verhältnisse ungenügend bekannt sind.

Es ist auch notwendig, jeder Tendenz der Schönfärberei, der Unterschätzung der Schwierigkeiten rechtzeitig zu begegnen, denn das kann zu unliebsamen Überraschungen führen, zu einer nicht richtigen Einschätzung unserer eigenen Entwicklung besonders an der Basis, und zu einer Unterschätzung der Kräfte des Feindes.

Es wird notwendig sein, daß das Politbüro einen Bericht hört über die Einstellung der Arbeiterklasse in Westdeutschland zu der Entwicklung der DDR. Wir müssen beachten, daß der Feind seine Taktik umstellt (siehe Erklärungen Lemmers), er proklamiert die Politik der offenen Grenzen, darauf antworten wir noch nicht offensiv und überzeugend genug. Wir müssen Methoden und Formen suchen, um in der gegenwärtigen Lage den fortschrittlichen Arbeitern in Westdeutschland zu ermöglichen, unsere Republik in großer Zahl zu besuchen, damit wir sie der sozialistischen Sache näher bringen. Das war schon weitaus entwickelter und stärker als es gegenwärtig der Fall ist.

Die Republikflucht kann nicht so dargestellt werden, wie das die Genossin Wolf im Zentralkomitee getan hat. Wir haben unsere ideologische Überzeugungskraft in dieser Frage verstärkt und einen Teil der fortschrittlichen Arbeiter in den aktiven Kampf einbeziehen können. Ein mechanischer Vergleich mit der Situation der proletarischen Revolution und des Bürgerkriegs in Sowjetrußland ist keine Antwort auf dieses ganze Problem.

Die Tatsache besteht, daß der Hauptteil der Republikflüchtigen, wenn die Informationen, die wir haben, stimmen, aus der Arbeiterklasse und ihrer Jugend, Teilen der alten und jungen Intelligenz, aber weniger aus den kapitalistischen Elementen sich zusammensetzt. Das ist eine sehr ernste Frage für uns, wir sollten sie auch einmal offen und klar im Zentralkomitee behandeln. Sie ist eben nicht nur eine ökonomische Frage, die sich unter anderem auch aus der westdeutschen Konjunktur ergibt, sondern eine politische, eine Bewußtseinsfrage unserer noch nicht genügend zusammengeschweißten Arbeiterklasse. Mit der Beschleunigung des Aufbaus des Sozialismus auf dem Lande müssen wir auch rechnen, daß in größerer Zahl werktätige Einzelbauern republikflüchtig werden. Vor allem, wenn wir nicht jedes einzelne Beispiel vom fehlerhaften Herangehen für die Gewinnung zum

Eintritt in die LPG durch die Kreisleitungen auswerten lassen.

Im Kampf gegen die Republikflucht reicht der Einfluß unserer Überzeugungskraft offensichtlich nicht aus. Wir suchen jetzt durch gesetzliche Maßnahmen, durch die Abschließung der Grenzen, durch schärfere Kontrollmaßnahmen, durch die konsequente Durchsetzung der Staatsautorität die Republikflucht einzudämmen. Das kann und wird zu gewissen Erfolgen führen. Es trägt auch zur Förderung des Staatsbewußtseins bei. Aber zugleich ist dabei von uns nüchtern einzuschätzen, daß die Zahl der Unzufriedenen, die bisher weggingen, in der Republik bleiben, und die Wachsamkeit erhöht werden müsse.

Aufgrund der Vorwürfe, die gegen mich erhoben werden, habe ich mein Leben und meine Arbeit sorgfältig geprüft. Ich kann die Beschuldigungen nicht als richtig betrachten. Seit 5 Jahren gehöre ich der Parteiführung an. Ich habe dabei viel gelernt. Niemals werde ich mich einer kritischen Einschätzung meiner täglichen Arbeit verschließen. Ich erinnere mich daran, wie Genosse Thälmann mit uns jungen Funktionären gearbeitet hat, wie er auch in einigen persönlichen Aussprachen mit mir die guten Seiten der Arbeit anerkannte und Schwächen aufdeckte. Das war eine gute Schule der Kritik und Selbstkritik.

In allen wichtigen Abschnitten der Bolschewisierung der Kommunistischen Partei Deutschlands habe ich als einfacher Funktionär stets an der Seite des Leninistischen Zentralkomitees gestanden. In den Auseinandersetzungen mit den Ultralinken und Trotzkisten im Jahre 1925/26 und später im Kampf gegen die Rechten 1928/29 habe ich von der ersten Stunde an als Mitglied der Bezirksleitung Schlesiens, als uns die Erklärung der ZK-Mitglieder gegen Genossen Thälmann bekannt wurde, mit zwei weiteren Genossen des Sekretariats der Bezirksleitung für Thälmann und gegen die Hausen-Gruppe gekämpft. Es ist bekannt, daß Breslau in dieser Situation eine Hochburg der Rechten war, und wir, die Anhänger der Thälmannschen Linie, zunächst eine kleine Minderheit waren.

Ich habe wiederum im Jahre 1931/32 gegen die Neumannschen Intrigen im Kommunistischen Jugendverband im Büro des ZK des KJVD mit noch einem Genossen fest die Thälmannsche Position verteidigt. Dafür wurde ich von der Neumann-Clique nach Ostpreußen »verbannt«, um dort, wie es ihr Plan war, erledigt zu werden. Neumann hat damals bei Genossen Thälmann meinen Ausschluß beantragt.

Während der Zeit des Hitlerfaschismus im Konzentrationslager war ich in den innerparteilichen Auseinandersetzungen, daß war gewiß für alle Genossen in Deutschland unter solchen Bedingungen sehr schwer, in den Grundfragen unserer Politik in der Ausarbeitung der Parteilinie, in der Einschätzung der Perspektiven, in dem festen Glauben an den Sieg der Sowjetmacht, ohne Schwankungen geblieben und gehörte zu den Genossen, die sich nicht geduckt haben, sondern die ihre größte Kraft, ihr Selbstvertrauen, ihre Überzeugung an den Sieg unserer Sache durch die tägliche politische Aktivität unter den Gefangenen und für die Erhaltung des Parteibewußtseins gewonnen haben.

Wie viele andere gute Genossen habe ich nicht nach dem eigenen Leben gefragt, sondern wie man die Verteidigung des Lebens unserer Genossen organisiert, wie man sie in dieser für alle so schweren Situation vor der feindlichen Zersetzung, vor der Kapitulation schützt? Gerade diese Schule, die eine Parteischule des Lebens war, hat auch das Verständnis geschärft für die Fähigkeit, Überzeugungskraft zu entwickeln, die Kader, auch wenn sie Fehler machen, geduldig zu erziehen, und nicht die Administration, das Kommandieren als das erste zu setzen und unter allen Umständen gewaltmäßig den Willen aufzuzwingen, wo die Autorität und die Überzeugungskraft der Ideen der Partei, der Weltanschauung der Arbeiterklasse den ersten Ausschlag geben müssen.

Im Jahre 1953 habe ich fest und unbeirrbar den Standpunkt vertreten, daß es sich nicht um die Aufgabe des Sozialismus handeln kann, sondern um die Regulierung des Tempos dieses Aufbaus. Ich habe das nicht erst dann getan, als Berija entlarvt wurde, sondern von der ersten Stunde an. Ich erinnere Genossen Ulbricht an die Sekretariatssitzung, in der er uns die entsprechenden Informationen gab.

Ich muß leider in eigener Sache sprechen. Das ist schwer für einen Kommunisten. Doch die Pflicht gegenüber der Partei und die Zurückweisung falscher Anschuldigungen erfordern das von mir. Ich weiß, daß es einen bequemeren Weg gibt, auf alles einzugehen, ungeachtet der eigenen Überzeugung. Das aber bedeutet, unwahrhaftig gegenüber der Partei und gegen sich selbst zu sein. Das kann nicht der Weg eines Kommunisten sein. Dazu hat mich die Partei nicht erzogen.

Berlin, 01.01.1958

5.
Über die Politbürositzung am 11. Januar 1958

Als erster Diskussionsredner sprach Genosse Ulbricht zu den Erklärungen der Genossen Schirdewan und Oelssner (Text dieser Rede siehe Anlage).

Genosse Honecker begründete seine Meinung in längeren Darlegungen und sagte unter anderem, dass bei Genossen Schirdewan ein Gegensatz zwischen den Worten und Tatenx bestehe. Wenn Schirdewan im Sinne dieser Erklärung vor dem Zentralkomitee auftritt, x soll er sich klar sein, dass das ZK weitergehende Massnahmen beschliessen würde, als sie Genosse Ulbricht vorgeschlagen hat. Genosse Honecker könne nicht die Meinung Schirdewans anerkennen, dass die Erklärungen Zillers bei der Zusammenkunft in Wismut keinen fraktionellen Charakter getragen haben. Die Erklärung Schirdewans, in der er sinngemäss behauptet, er habe die richtige Linie der Partei garantiert, zeige die Missachtung der Meinung des Kollektivs des Politbüros. Genosse Honecker wies darauf hin, dass Genosse Wollweber nach der Rückkehr aus Warschau davon gesprochen habe, dass dort eine gesunde Entwicklung sei. Wollweber war gegen die Sicherungsmassnahmen, die von deutschen und anderen Organen zur Zeit des polnischen Oktober getroffen worden waren. Wollweber hat eine Fraktionsbildung im Apparat der Staatssicherheit versucht mit dem Ziel der Aenderung der Parteiführung. Wollweber erklärte mehrmals: "Schirdewan ist der kommende Mann".

Schirdewan zog alle Elemente, die einen anderen Standpunkt hatten, auf sich. Er sagte, die Mehrheit des Sekretariats vertrete seinen Standpunkt. Honecker fragt: Welches war dann der richtige Standpunkt?

Genosse Stoph sagte, dass es vor dem 29. Plenum des ZK grundsätzliche Differenzen gegeben hat. Diese wurden x diskutiert im Politbüro. Genosse Stoph fragt: Was hat Genosse Schirdewan getan, dass die Genossen, die verantwortliche Funktionen ausüben, auch

- 2 -

die Verantwortung tragen und Beschlüsse diszipliniert durchführen?
Hat etwa Wollweber die Beschlüsse durchgeführt? Die Kritik an
Wollwebers Arbeit in der Sicherheitskommission zeigte doch politisc
Differenzen. Wenn Schirdewan sagt, er sei damals nicht über feindliche Gruppierungen informiert gewesen, so fragt man sich, was hat
er denn getan? Schirdewan war doch für die Parteiinformation verantwortlich, er musste doch informiert sein.

Genosse Ebert sagte, er habe gehofft, dass Schirdewan eine
Erklärung abgeben werde, die eine Verständigung ermöglicht. Man
muss um Schirdewan ringen. Genosse Ebert sagte, Schirdewans Erklä-
rung, erk habe recht gehabt, ist eine Verletzung des Kollektivs des
Politbüros. Genosse Ebert fragt: Warum hat Genosse Schirdewan den
Vorwurf gegen Genossen U. erhoben im Zusammenhang mit dem Genossen
P.? Genosse Ebert wendet sich gegen die Erklärung des Genossen
Oelssner und fragte ihn: Wie willst Du mit Deiner Auffassung über
den desorganisierenden Charakter des beschlossenen Volkswirtschafts
planes als Stellvertreter des Ministerpräsidenten arbeiten?
Genosse Ebert spricht seine Verwunderung aus, dass sich Genosse
Grotewohl noch nicht geäussert hat.

Genosse Neumann ich hatte die Hoffnung, die Erklärung des
Genossen Schirdewan würde eine Verständigung erleichtern. Die
Genossen Schirdewan und Oelssner stellen jedoch ihre Person über
das Kollektiv. Genosse Neumann schilderte dann die schweren
Angriffe gegen die Partei nach dem XX. Parteitag. Es wurde von
vielen Leuten die Frage gestellt, ob der Aufbau des Sozialismus
in der DDR richtig sei. Die standhafte Abwehr der feindlichen
Angriffe durch die SED hat sich als richtig erwiesen und das hat
auch guten Einfluss auf manche Bruderparteien gehabt. Genosse
Neumann wendet sich gegen die Behauptung von Schirdewan, das
Auftreten von Ulbricht hat in den Parteien der Nachbarländer
Schwierigkeiten gefördert. Die Erklärung des Genossen Schirdewan

- 3 -

ist nicht für das Politbüro, sondern für andere Zwecke geschrieben,
vielleicht für die Parteiöffentlichkeit. Ulbricht hat, wenn neue
Fragen standen, sie stets im Politbüro gestellt. Oelssner hat nicht
gesagt, wie nach seiner Meinung der Arbeitsstil geändert werden soll

 Genosse Rau: Die Genossen Schirdewan und Oelssner haben nichts
zur Politik des Politbüros gesagt. Schirdewan stellt keine Partei-
probleme und keine politischen Probleme, sondern hat eine Linie der
Zersetzung. Wenn Schirdewan sagt, er hat keine Beweise feindlicher
Gruppierungen, so hat er doch die Erklärung von Löwenstein bekannt,
dass es nach Ungarn in der DDR losgehen soll. Die Forderung
Schirdewans, man solle erst beweisen, dass es feindliche Gruppen
gibt, zeigt eine falsche Einschätzung der und läuft auf eine
Politik des Lavierens hinaus, so wie in Ungarn und Polen begann.
Schirdewans Erklärung enthält eine Reihe verleumderischer Behauptun-
gen. Rau wendet sich gegen die Erklärung Oelssners und vertritt die
Meinung, dass man noch grössere Aufgaben stellen müsse. Wenn der
Produktionsplan an einer Stelle nicht erfüllt wird, soll man das
gründlich analysieren und die Ursachen beseitigen, aber nicht die
Genossen einschüchtern. Oelssners Meinung, man soll Traktoren an
die Einzelbauern verkaufen, und sein Vorschlag, die schwachen LPGs
aufzulösen, sind miteinander verbunden.

 Genosse Grotewohl: Ich habe von Anfang an Zurückhaltung geübt.
Ich bin der Meinung, dass man in dieser Angelegenheit biegen muss
und nicht brechen. Ich möchte die Sache als notwendige Reparatur
sehen. Man muss die Frage im Zusammenhang mit der Einheit der
Arbeiterbewegung stellen. Er wendet sich an Genossen Oelssner, dass
man Beschlüsse durchführen müsse. Genosse Grotewohl erklärt, dass
er noch nicht in der Lage sei, eine zusammenhängende Beurteilung
der Erklärung des Genossen Schirdewan abzugeben. Genosse Schirdewan
müsse doch bedenken, dass fast alle Genossen gegen seine Erklärung
Stellung genommen haben. Die Polemik des Genossen Schirdewan gegen
Genossen Matern, dass er sich für die Orientierung auf den Handel

mit den kapitalistischen Ländern ausgesprochen habe, ist doch
unrichtig. Der XX. Parteitag habe ein Halt gerufen in der Anwendung
bestimmter Methoden. Es sei notwendig, die Arbeit der Parteien
auszuweiten und aufzuschliessen. Dadurch sollen die Bedingungen
für die Koexistenz geschaffen werden. Die Diskussion im Politbüro
zei zu engherzig. Man dürfe die Entscheidung vor der Reise nach
Moskau nicht vorwegnehmen.

Genosse Mückenberger wendet sich dagegen, dass Genosse
Schirdewan sich offenkundig Notizen gesammelt hat, um sie dann bei
Gelegenheit vorzubringen. Dass es in unserer Politik so einigermasse
geklappt hat, ist nach Meinung des Genossen Schirdewan letzten Ende:
auf Schirdewan zurückzuführen. Der Zweck der Erklärung ist offenkund
der Stoss gegen den 1. Sekretär. Wir sind besorgt, dass die Partei
nicht in Gefahr gerät. Das Schlusswort von U. auf dem 33. Plenum
des ZK hat nirgends in der Partei zu Unsicherheit geführt.

Genosse Warnke: Die Diskussion geht jetzt auf die politische
Ebene. Auch im Sekretariat des FDGB hatten wir solche Diskussionen.
Genosse Helbig trat mit prinzipienlosen Anschuldigungen über Arbeitsstil usw. hervor. Was die Frage der sozialistischen Beziehungen im
Betrieb betrifft, so ist die Sache noch nicht in Ordnung. Die
Ausgangsidee, die zum Vorschlag über die Bildung von Arbeiterkomitee
führte, nämlich die engere Teilnahme der Arbeiter an der Leitung
der Wirtschaft, steht auch heute noch. Wir versuchen sie jetzt durch
den neuen Gewerkschaftsbeschluss zu lösen. Was die Kollektivität
betrifft, so fehlt bei einigen Genossen die Erkenntnis, dass man
sich Beschlüssen, die gefasst sind, unterordnen muss.

Genosse Leuschner: Was Schirdewan über die zu hohen Vorschläge
Ulbrichts an die sowjetischen Genossen gesagt hat, ist nicht richtig
Ulbricht hat unsere Vorschläge, bevor sie ins Politbüro kamen,
bedeutend gekürzt. Genosse Leuschner wendet sich gegen die
Erklärungen der Genossen Schirdewan und Oelssner.

- 5 -

Genosse Oelssner erklärt, es gehe um eine Frage, um die Kollektivität der Führung. Er führt als Beispiel an die Rede Ulbrichts an der Humboldt-Universität. Oelssner spricht dann über die Differenzen, die er mit Ulbricht hatte. Er sei auf der 2. Parteikonferenz von Ulbricht kritisiert worden. Er weist darauf hin, dass der Volkswirtschaftsplan die Wirtschaft desorganisiere, wenn er zu sehr angespannt ist. Die Materialbilanzen müssen stimmen. Diese Fragen hätten vor der Behandlung in der ZK-Kommission in das Politbüro gehört. Er begründet dann, warum er dafür gewesen sei, dass Traktoren an die Einzelbauern verkauft werden. Ulbricht habe sich dagegen gewandt unter Berufung auf einen Beschluss des Zentralkomitees. Was die Auflösung zurückgebliebener LPG betrifft, so habe ihn ein Bericht der Abteilung Landwirtschaft erschüttert. Genosse Rau habe auf dem 29. Plenum gegen Oelssner in dieser Frage polemisiert.

Genosse Schirdewan spricht seine Befriedigung aus, dass einige Genossen gesagt haben, man müsse ihm helfen. Im übrigen wiederholte er eine Reihe Behauptungen, die in seiner Erklärung stehen. Er fügt eine neue Behauptung hinzu, die sich auf die Diskussion bezieht, ob die Leitung der KPD im Lande d.h. in Westdeutschland, sein soll oder in Berlin. Ulbricht hatte erklärt, dass sie in Westdeutschland sein müsse. Schirdewan behauptet, das hätte so aufgefasst werden müssen, als ob Reimann abgesetzt werden soll.

Genosse Matern ist mit den Darlegungen von Genossen Ulbricht einverstanden. Kollektivität sei, dass alle Genossen Initiative entwickeln. Ulbricht habe dazu mehrfach aufgefordert. Genosse Oelssner hat soviel von Kollektivität gesprochen, aber jetzt ist eine solche Lage bei uns, dass die Angst um die Kollektivität uns veranlasst, viele Fragen und Materialien im Politbüro zu behandeln, die nicht ins Politbüro gehören. Ich verstand es so, dass man die kollektive Meinung im Politbüro ausarbeitet, dass man auch Auffassungen vertreten kann, die im Ergebnis der Diskussion berichtigt werden. Die Erklärung von Schirdewan gibt nicht die

- 6 -

215

Möglichkeit, eine gemeinsame Position zu finden.

Es entwickelt sich ein Zwiegespräch zwischen Schirdewan und
Matern. Genosse Matern erklärt, dass Schirdewan am 7. November 1956
in der Sowjetbotschaft ihm gesagt hat, dass die sowjetischen Genoss[e]
in vielen Fragen nicht mit Ulbricht einverstanden sind. Bei Schirde[
ist eine krankhafte Ueberheblichkeit vorhanden. Das Schäbigste in
der Erklärung Schirdewans sei, dass Ulbricht zu hohe Forderungen
an die Sowjetunion stelle. Genosse Matern fragt, ob Genosse Schirde[
seine Behauptungen im Laufe der Zeit an sowjetische Genossen mitgeteilt hat. Genosse Schirdewan gibt auf diese Frage keine genaue
Antwort. Es entwickelt sich ein Zwiegespräch, der Sinn ist, dass
Genosse Matern andeutet, dass Schirdewan [Inform]ationen an sowjetisch[
Genossen gegeben hat, die offenkundig un[ri]chtig sind, und aus diese[
Grunde glaubt er seine falsche St[ell]ungnahme nicht korrigieren zu
können. Matern bezeichnet Schirdewan als Lügner. Matern gibt dem
Politbüro davon Kenntnis, dass die vom Politbüro beschlossene
Untersuchung über das [i]nnerparteiliche Verhalten von Genossen
Wollweber begonnen hat. Aus den Besprechungen mit Mitgliedern
des Kollegiums des Ministeriums für Staatssicherheit geht hervor,
dass Wollweber im Apparat der Staatssicherheit propagiert hat,
Schirdewan sei der kommende Mann. Genosse Matern fragt Schirdewan,
ob er sich auf Gespräche in einem Kreis von Genossen der Staatssicherheit erinnern kann, wo solche Aeusserungen gefallen sind.
Schirdewan sagt, er könne sich nicht daran erinnern. Genosse
Matern antwortet, er wird ihm das beweisen. Genosse Matern sagt
weiter, Wollweber habe gegenüber leitenden Genossen der Staatssicherheit erklärt; "Man muss sich nicht auf das Jetzige, sondern
auf das Kommende orientieren."

Genosse Reimann teilt mit, dass im Sekretariat der KPD von
Walter Fisch die Meinung vertreten wurde, man müsse sich mehr auf
die Auffassungen der italienischen Genossen orientieren. Fisch hat
sich in diesem Sinne im Kreise von Genossen geäussert. Er hat auch

- 7 -

erklärt, dass in Zukunft die Spitze in der DDR geändert werde.

Nachdem alle Genossen gesprochen haben, kommt es zur Abstimmun Einstimmig wird beschlossen:

> Das Präsidium des ZK der KPdSU wird ersucht, eine
> Delegation des Politbüros der SED möglichst bald
> zu empfangen. Zweck der Delegation ist es, das
> Präsidium zu informieren und sich mit ihm in einigen
> Fragen zu konsultieren.

Genosse Grotewohl schlägt vor, hinzuzufügen:

> Sollte das Präsidium des ZK der KPdSU den Wunsch
> äussern, eine Delegation nach Berlin zu entsenden,
> so ist das Politbüro auch damit einverstanden.

Dieser Vorschlag wird angenommen.

> Mitglieder der Delegation des Politbüros der SED:
> Walter Ulbricht, Otto Grotewohl, Hermann Matern,
> Willi Stoph, Friedrich Ebert, Alfred Neumann.

Der sachliche Teil des Beschlusses wird einstimmig angenommen. Gegen die personelle Zusammensetzung der Delegation stimmten die Genossen Schirdewan und Oelssner. Sie waren der Meinung, dass sie ebenfalls der Delegation angehören sollten. Dem gegenüber wurde im Politbüro erklärt, dass es sich bei den Besprechungen mit Mitgliedern des Präsidiums des ZK der KPdSU nicht um Verhandlungen mit den Vertretern einer Gruppe in der SED handeln kann. Wenn das Präsidium des ZK der KPdSU den Wunsch hat, die Genossen Schirdewan und Oelssner zu hören, hat es jederzeit die Möglichkeit, sie nach Moskau einzuladen.

Es wird im Politbüro vereinbart, dass, nachdem die Erklärung des Genossen Schirdewan abgelehnt wurde, Genosse Schirdewan ersucht wird, wenn er es wünscht, bis zur Abreise der Delegation eine neue selbstkritische Erklärung zu schreiben.

- 8 -

000009

Es wird dann abgestimmt über folgenden Antrag: Bei den Besprechungen mit Mitgliedern des Präsidiums des ZK der KPdSU mitzuteilen: Das Politbüro des ZK der SED hat die Absicht, dem Zentralkomitee der SED vorzuschlagen:

Genosse Schirdewan wird seiner Funktion als einer der Sekretäre des ZK enthoben, da er versucht hat, die Parteiführung zu zersetzen. Für diesen Antrag stimmen 10 Genossen, dagegen stimmen die Genossen Schirdewan, Oelssner und auch Genosse Grotewohl.

Genosse Ulbricht bemerkte, dass die ......rnung des Genossen Schirdewan aus dem Sekretariat des Z...... mindeste sei. Eine weitere Stellungnahme hängt von der selbstkritischen Erklärung des Genossen Schirdewan ab. Genosse U. vertrat die Meinung, dass Genosse Schirdewan die Möglichkeit erhalten soll, in einer verantwortlichen Funktion im Staatsapparat tätig zu sein.

Im Politbüro b..... Einigkeit darüber, dass sowohl über die Vorgänge bei Wismu..... wie über die Diskussionen mit Genossen Schirde.... und auch mit Genossen Oelssner beim Bericht des Politbüros im Zentralkomitee berichtet werden muss. In welcher Form und in welche Umfang das geschieht, soll bei der Beratung des Berichtes im Politbüro festgelegt werden.

Dieses Dokument wurde mir mit freundlicher Hilfe von Herrn Müller-Enbergs, Autor des Buches »Der Fall Rudolf Herrnstadt«, aus dem Archivbestand der Gauck-Behörde zur Verfügung gestellt. (K.S)

Personenregister